웰컴 투 마이 월드

ⓜ 문학관books

웰컴 투 마이 월드

*

인쇄일 · 2025. 11. 25.
발행일 · 2025. 12. 1.
지은이 · 김창식
펴낸이 · 이형식
펴낸곳 | 도서출판 문학관

등록일자 | 1988. 1. 11
등록번호 | 제10-184호
주소 | 04089 서울시 마포구 토정로 214 1층
전화 | (02)718-6810, (02)717-0840
팩스 | (02)706-2225
E-mail | mhkbook@hanmail.net

책값 · 10,000원

ISBN 978-89-7077-677-4   03810

구름카페문학상 수상자

수필을 쓸 때 염두에 두는 것은 '지금, 여기'의 문제입니다. 사회적 이슈나 문화 트렌드를 다룰 때는 말할 것도 없거니와, 삶에 대한 해석이나 존재의 탐구 같은 철학적 주제를 다룰 때도 현시성現時性의 맥락을 떠올립니다. 아울러 인간에게 내재한 근원적이고 보편적인 원형의 정서를 짚어봅니다. 그 같은 주제야말로 우리에게 가장 절박한 관심사가 아닐까 하는 생각도 드는군요.

왜 글을 쓰는가를 자문합니다. '삶의 흔적을 더듬어 보기 위해. 방황하려고. 노력하는 한 방황하기 마련이니까. 모험을 하려고. 모험을 하지 않는 것도 모험이므로.' 글쎄요. '그냥, 그저, 대책 없이!'가 차라리 그럴듯해 보이는군요. 글을 열심히 쓸수록 삶의 중심으로부터 멀어지는 것 같은 막막함도 있답니다. 남에게 위안과 위로를 주고 싶어서 쓴 글이 실은 나 자신을 겨냥한 것인지도 모른다는 생각이 들기도 합니다. 어떻든 이제 글을 안 쓰면 불안하고 초조합니다. 글 쓰는 일이 '존재의 이유'가 된 셈이니 이것이 좋은 일인지 아닌지 모르겠군요.

수필 인구가 늘었지만 수필의 질은 향상되지 않았다는 말을 듣곤 해 안타깝습니다. 한편 한편에 혼을 담은 글을 써서 수필 문학이 매혹적인 장르임을 실증하고 싶습니다. 수필 문학의 격을 높이고 저변 확대를 기하는 데 작은 기여를 하고 싶군요. 마음을 움직여 변화를 이끌어내는 글, 치열한 사유와 반듯한 논리, 시적 서정이 어우러진 글, 삶의 진정성을 토대로 지성(철학성)과 감성(문학성)이 조화를 이룬 글을 써서 같은 길을 걷는 문우는 물론 일반 독자와도 소통하고 싶군요. 수필집을 펴내며 많은 분의 도움을 받았습니다. 고마운 마음 전합니다.

2025. 12월

김 창 식

| 차 례 |

제2부 웰컴 투 마이 월드

제3부 뻐꾸기 둥지의 새

제1부

송곳

송곳

골목 끝에 이르자 길이 열리며 거짓말처럼 잿빛 건물이 나타났다. 전화로 확인한 곳이었다. 아래층은 점占집과 순댓국집, 옛날식 다방, 민속주점이 들어섰고, 그 위로 기획사, 직업소개소, 심리상담 센터, 떼인 돈 회수, 개인 회생·파산·면책, 그리고 내가 찾는 간판이 보인다. 전철역 화장실에서 뜯어온 쪽지를 꺼내 들었다. '무통시술. 비밀 보장. 즉시 지급. 010-XXXX XXXX.' 연락처로 전화를 걸자 사내가 말했다. "쪼가리 팔려는 감? 일단 나와 보셔. 상담료는 없소."

복도엔 인적이 없고 찬 기운이 와 닿았다. 암모니아와 포르말린을 뒤섞은 냄새가 난다. 급수전 파이프가 낮은 천장을 따라 뻗었고, 깨진 보안등 위에 날벌레의 주검이 얼룩처

럼 달라붙었으며, 찢긴 거미줄의 거미는 손님을 기다리는 작
부처럼 엎드려 있다. 좌우로 늘어선 방들의 모양과 크기가
비슷해 어디에서든 거기가 거긴 것 같다. 소독약 냄새가 진
해진다. 목적지가 가까운 모양이다. 걸음을 옮기려는데 몸이
비틀, 기울어진다. 증세는 시도 때도 없이 나타난다. 주머니
속 송곳을 더듬어 찾는다. 나를 찌르려고.

퇴직 후 한동안 출근 시간대에 맞춰 집을 나서곤 했다. 지
하철 환승역에 내려 화살표를 따라 움직인다. 사람들 사이
에 섞이면 안심이 된다. 나는 사람들 틈에 섞여 천국으로 가
는 계단에 몸을 실었다가 산속의 계류 같은 하행선 에스컬
레이터를 타고 내려왔다. 종유석이 고드름처럼 매달린 땅굴
과 땅굴 사이에 걸린 잔도棧道를 걷기도 했다. 그러는 새 전
쟁터에서 군주를 옹위하던 충직한 신하들이 하나둘 빠져나
가 외톨이가 되곤 했다.

어느 날 난간에서 떨어졌다. 마침 전동차가 역으로 들어오
던 참이었는데 다행인지 불행인지 건너편 차선이었다. 난 용
감한 시민에 의해 구조되어 경찰서로 넘겨졌다. 형사가 이죽
거렸다.

"부인과 애들을 생각하셔야지. 그래, 가족은 있소?"

"아, 예."

"운이 좋은 줄 아시오."

"무슨 말씀이신지?"

"구조된 것 말이오."

"제가 구조되었다고요?"

"그것도 모른단 말이오? 선생이 발을 헛딛지 않았소?"

"제가 발을 헛디뎠나요?"

"순간적으로 정신을 잃은 모양이오. 앞으로 주의하시오."

그가 그렇게 말하자 그렇게 여겨졌다.

"아, 예. 잘 알겠습니다."

형사가 면박을 주었다.

"알긴 뭘 안단 말이오? 나가는 대로 바로 병원에 가보시오!"

지하철 탐험에 싫증을 느낄 무렵 그럴듯한 생각이 떠올랐다. 지도를 펴놓고 여행을 떠나보는 것이었다. 아마존강을 폭이 좁은 배를 타고 지나며 분홍돌고래를 본 것은 적잖은 행운이었다. 케냐에선 흔들의자에 앉아 킬리만자로 산정에 얼어 죽어 있을 표범의 사체를 떠올렸다. 잉카의 공중도시 마추픽추에도 가보았고 산티아고 데 아미노 순례의 길을 걷기도 했다. 티베트의 자치구역 샹그릴라에도 가보았다. 로렐라이 언덕과 하이델베르크는 수시로 드나들었다. 얼마 후 그런 상상도 시들해졌다. 가고 싶은 곳은 딴 곳이었다. 실제로 가야 할 곳은 또 다른 곳이었지만.

내가 정작 가려는 곳은 북극이었다. 푸른 보안경을 끼고 고드름을 수염에 매단 채 개가 끄는 썰매를 타고 눈보라를 헤치며 달리고 싶었다. 북극엔 깨끗하고 차가운 것, 순수한 것, 섞임이 없는 것, 비장한 그 무엇이 있을 터였다. 소금에 절인 청어의 뼈, 바람이 불면 귀신 울음을 우는 자작나무 숲, 얼어붙은 호수와 에메랄드 바닷물. 환한 여름밤과 캄캄한 겨울의 한낮. 북극곰과 유빙流氷, 만년설萬年雪로 뒤덮인 산정. 시린 하늘에 눈부시게 쏟아지는 극광極光.

첫 증세가 나타난 것은 프랑크푸르트행 루프트한자 비행기 안에서였다. 도시 상공에 이르자 비행기가 착륙 모드로 접어들었다. 건물과 도로가 손에 잡힐 듯 다가왔다.

"아흐퉁, 마이네 다멘 운트 헤렌!(승객 여러분 안내말씀 드리겠습니다!)"

그때 증세가 나타났다. 공포감, 호흡곤란, 암흑시야. 승무원들이 달려온다. 별들이 빛을 잃고 의식의 천막 속으로 떨어져 내린다. 땅이 일렁인다. 비행기가 추락하고 있다. 뚜뚜 뚜뚜, 이머전시, 긴급 상황이다. 나는 북소리 같은 심장의 박동 소리를 들으며 외친다.

"힐페!(Hilfe·도와줘요) 힐페! 주뤽!(Zurueck·돌아갈래)"

세계를 그대 품 안에. 난 주재근무를 위해 신설된 프랑크
푸르트공항으로 부임하던 참이었다. 그곳 한국인 의사가 말
했다. 지나친 완벽추구와 인정을 받고자 하는 욕구로 인한
스트레스가 병의 원인이라고. 난 받아들일 수 없었다. 그러
면 세속世俗의 꿈을 꾼 다른 사람들도 같은 병에 걸려야 하
는 것이 아닌가?

병으로 인한 고통보다 주위 동료들에게 병을 감추는 것이
더 힘들었다. 그나마 유일한 방법은 증세가 나타나기 전 순
간을 낚아채 약을 먹는 것이었다. 의사의 지시를 어긴, 과다
복용이었지만 당장을 견디어 내는 일이 급했다. 주머니 속에
작은 송곳을 갖고 다닌 것은 그때부터였다. 눈치 안 채게 넓
적다리를 찌르려고. 몸은 점점 나빠져 갔다. 나중에야 알았
다. 과일 속처럼 단단한 몰락의 씨앗은 훨씬 오래전부터 자
라고 있었음을.

복도가 출렁거리며 다가온다. 폐수처럼 잠겨 있던 급수관
이 억눌린 시궁창 물소리를 낸다. 보안등이 깜빡이다 터져
나간다. 거미는 제가 짠 실의 그물에 갇혀 허우적거린다. 눈
먼 새 떼가 벽에 머리를 부딪고 떨어진다. 복도가 희뿌연 먼
지 조각과 새의 울음으로 가득 찬다. 시야가 흐려진다. 아,

이런, 몇 걸음만 더···. 그 사내를 만나야만! "쪼가리 팔려는 감?" 나는 무너져 내리며 주머니 속 송곳을 더듬어 찾는다.

무게

딱히 잠버릇이 사납지 않은 아내지만 잠 찜에 한쪽 다리를 내 배 위에 올려놓는 버릇이 있다. 그럴 때면 아내의 무의식적인 신뢰에 안도하면서도 순간 숨이 막힐 듯하다. 다리 무게가 얼마나 된다고? 그 다리에는 아내와 두 아이를 합친 가족의 무게가 함께 실린 때문이다. 나는 더 이상 잠을 이루지 못하고 뒤척인다.

기억을 더듬는다. 60년대 소매치기가 한창 기승을 떨던 시절이었다. 버스 손잡이에 넋 놓고 매달려가던 나는 깜빡하는 사이 손목시계를 날치기당했다. 그 후 어쩌다 손목에 눈이 갈 때면 시계를 찬 자리에 동그랗고 붉은 원이 상흔처럼 아른거렸고, 초침 돌아가는 소리가 환청으로 들리기도 했다.

손목의 허전함은 시계의 무게만으로 설명되지 않았다.

본디 무게에 심리적인 무게가 덧놓이면 실제보다 무겁게 다가오기 마련이다. 눈꺼풀에 한사코 달라붙는 졸음이 그렇다. 재활 치료 중인 알츠하이머 환자가 떼는 첫발의 힘겨움도 마찬가지다. 친지의 주검을 운구한 적이 있다. 관의 무게가 그렇게 무거운 것인지 미처 몰랐다. 세상을 등진 자의 아쉬움과 보내는 자의 안타까움이 함께해서 일 것이다. 그래서 그 옛날 기억 속의 꽃상여도 망설이며 뒷걸음치고 물러서며 앞으로 나가는 듯 발 구름 했던 모양이다.

"에헤라디야~ 상사디야~ 이제 가면 언제 오나~."

잃어버린 것의 무게는 잃어버리기 전보다 무겁게 다가온다. 놓쳐버린 작은 조각의 무게는 남겨진 전체 무게의 합습과 같다. 퍼즐은 마지막 작은 블록으로 완성되고, 깨진 거울이나 꼭지가 떨어져 나간 도자기는 온전한 역할을 하지 못한다. 겨울날 장갑 한 짝을 잃어버린 적이 있는데, 결과적으로 두 짝을 모두 잃어버린 셈이었다. 성경에는 '선한 목자의 비유'가 나온다. 길을 잃은 1마리 양의 무게는 다른 99마리 양의 무게를 합친 것과 다를 바 없다.

구체적인 사물이지만 무게를 마음속으로 계량할 수밖에 없는 소소한 것들이 있다. 창틀에 내려앉은 눈송이, 공중을 부유하는 홀씨, 곤충의 빗살무늬 날개, 갓 부화한 병아리의 솜털, 하늘로 올라간 헬륨 풍선, 손만 가까이 대도 기척을 알아차리고 하르르 닫히는 미모사…. 도대체 무게가 있을 성싶지 않은 현상도 있다. 끌탕처럼 피어오르는 먼지, 동심원을 그리며 번져나가는 물무늬, 소멸하려 하늘로 흩어지는 연기, 햇볕과 더불어 자취를 감추는 안개 알갱이…. 사람이 죽었을 때 육체를 빠져나가는 에너지 생명체靈魂의 무게는 또 얼마나 될까?

사람은 평생 심리적 무게를 안고 사는지도 모른다. 누구에게든 잊지 못하고 마음에 담아둔 한과 자책이 있을 법하다. 남몰래 짓는 한숨의 무게는 얼마나 될까? 간절히 바라면서도 꿈꿀 수 없고 돌이킬 수 없음을 알고 있을 때, 그 원망願望의 무게를 어찌 가늠할 수 있을까? 마음속 돌멩이는 켜켜이 쌓여 돌탑이 되었다가 소리를 내어 구른다. 〈한오백년〉 구슬픈 가락에 돌덩이를 실어낸다.

"간다~ 간다~ 나는 간다~."

새

🌿

앞만 보며 사는 도시에서는 하늘을 쳐다볼 일이 없다. 그날은 무슨 일로 고개를 들었을까? 새 떼가 가위의 날처럼 저녁 하늘을 가르고 있었다. 무리에서 떨어져 나온 새 한 마리가 황급히 대열에 합류했다. 새 떼는 몇 개의 점으로 변하는가 싶더니 아스라이 사라져갔다. 갈피를 잡을 수 없는 유현한 상실감이 마음을 채웠다. 언뜻 시 한 구절이 생각났다. '새들도 세상을 뜨는구나.'

아침 산책길에서 새의 주검을 보았다. 참새나 솔새, 직박구리, 아니면 다른 새인지도 모르겠다. 작은 몸체가 으스러졌다. 부리는 반쯤 열렸고, 눈은 꼭 감은 채다. 주위에는 깃털이 서너 자락 흩어져 있다. 고등학교 때 읽은 안톤 슈낙의

〈우리를 슬프게 하는 것들〉에 나오는 문구가 떠올랐다. '정원 한쪽 구석에서 발견된 작은 새의 사체 위에 초추初秋의 양광陽光이 떨어져 있을 때. 대체로 가을은 우리를 슬프게 한다.'

밤사이에 무슨 일이 일어난 것일까? 로맹 가리의 소설을 보면 '새들은 페루에 가서 죽는다'던데, 이 새는 어떤 횡액을 당했기에 하필 도시 외곽 작은 동네의 오솔길에서 생을 마감한 것인가? 이 새에게도 둥지가 있고 식구가 있을 터이다. 경쾌한 음표처럼 뛰어다니며 먹이를 쪼거나, 이 나무 저 나무 사이로 날아다니며 숨바꼭질하거나, 때로 허공을 향해 솟구쳐야 할 새가 왜 이처럼 후미진 곳에서 누워 있는 것일까.

어렸을 적 동네에 '하늘배기'라고 불린 장애 어른이 있었다. 목발을 짚었고 고개는 옆으로 기운 채 얼굴을 받치고 있어서 비스듬히 허공을 바라보는 모양새였다. 그가 절뚝거리며 나타나면 우리는 뒤를 따르며 "하늘배기야, 하늘배기야 뭘 보냐?" 놀려댔다. 그러면 그는 "으으… 새… 새를 본다"라고 대답하곤 했다. 한 번은 우리도 하늘배기의 눈을 따라 하늘을 올려다보았다. 거짓말처럼 새 한 마리가 날아가고 있었다. 우리는 하늘배기를 놀리는 것도 잊은 채 빈 하늘을 쳐다보았다. 새가 점이 되어 멀어진 후에도 한참 동안.

팝가수 마리안느 페이스풀의 노래 〈작은 새This Little Bird〉
의 가사는 마음을 헤집는다.

'작은 새 한 마리/ 바람결에 태어나 하늘 높이 날아서/ 사람
의 눈길이 닿지 않네/ 새가 땅에 내려올 때는 오직 한 번뿐/ 그
건 죽으려 할 때'

노래를 부른 팝가수의 삶은 술, 마약, 구금, 동거, 이혼 같
은 범상치 않은 일들로 얼룩졌다. 팜 파탈로 잘못 알려졌지
만 어쩔 수 없이 자신을 어둠의 늪 속으로 몰아넣은 불우한
여인이었다. 작은 새가 상징하는 것은 상처 입은 영혼이다.
숏컷 머리에 터틀 넥 스웨터를 입은 채 웅크리고 있는 앨범
사진을 보면 그녀 자신이 추위에 떠는 작은 새처럼 여겨진다.
어린 갈매기 조나단 리빙스턴의 홀로서기 성장담인 리처
드 바크가 쓴 우화 형식의 소설 《갈매기의 꿈》을 보면 '가장
높이 나는 새가 가장 멀리 본다'라는 구절이 있다. 왕따 갈
매기 조나단은 다만 먹기 위해서 날지 않는다는 이유로 무
리로부터 따돌림을 당하고 끝내 추방당한다. 갈매기의 존엄
성을 파괴했다는 것이다. 그래도 조나단은 더욱 높이, 더 멀
리 날아오르고, 빈 하늘을 사선으로 가로지르는 일을 멈추

지 않는다.

마음속 새가 날갯짓하다 날아오른다. 새의 비행과 궤적을 따라가 본다. 허공을 가로지른 새는 점으로 변했다가 SF 영화의 한 장면처럼 다른 시공간으로 스며든다. 도시의 하늘은 좁고 답답하다. 뾰족하게 솟은 높은 건물과 송수신탑, 고가高架크레인 같은 시설물로 막혀 있다. 그래서 새는 다른 곳으로 날아간 것인지도 모른다. 새는 하늘을 격해 하늘 밖 하늘, 또 다른 하늘 속 어디로 사라진 것일까?

새는 어렵사리 세상 밖으로 날아가려 했지만 탈출에 성공하지 못했다. 그렇다고 해서 누구도 새를 온전히 소유할 수는 없었다. 나름 새를 사랑한다고 믿는 세상 사람들은 그럴듯한 꾀를 내었다. 새를 잡아 창살 없는 네모난 손바닥 감옥에 가두어 시도 때도 없이 울게 만든 것이다. "트윗 트윗 트윗" "카톡 카톡 카톡."

알卵

 아침 식탁에 오른 달걀프라이를 먹으려다 말고 계란鷄卵의 기구한 운명을 떠올린다. 이 알卵은 어느 농가에서 태어나 어미 품을 떠나 꾸러미에 담긴 채 몇 시간이고 운송 트럭에 실려 배송인의 손을 거쳐 슈퍼마켓 판매대에 진열되었다가 주부의 눈에 띄어 밥상에 오르게 된 것일까? 이 계란은 운이 좋았더라면 병아리를 거쳐 어른 닭으로 클 수도 있었을 것이다.

 어렸을 적 소풍 길 숲속에서 깨진 산새 알을 본 적이 있다. 둥지에서 떨어진 모양이었다. 시간이 오래 지나지 않았는지 흰색과 노란색에 모래흙이 섞인 알의 흔적은 지도 형태로 반쯤 굳어 있었다. 그 모양이 끔찍하기도 가엽기도 했다.

깨진 알의 모습은 오래도록 마음속에 자국으로 남았다. 깨지기 전 알의 모양과 미래의 모습에 대해 상상해 본 것은 그로부터 사뭇 오랜 시간이 지난 뒤였다.

알이 갖는 함의는 만만치 않다. 인간의 집단 무의식에 뿌리를 두고 근원적 상상을 불러일으킨다. 생명의 시원이나 존재의 모태와 잇닿은 상징물인 것이다. 그런 맥락에서 여러 나라의 건국신화가 난생설화卵生說話를 모티브로 하고 있음은 의미가 깊다. 우리나라의 신화소神話素 역시 그 테두리에서 벗어나지 않는다. 단군신화는 천강신화天降神話로 하늘과의 혈연관계를 강조하는 사례지만, 고구려의 주몽과 신라의 박혁거세는 알에서 태어났다. 신라의 새 왕조를 연 석탈해와 김알지, 가야의 김수로 역시 난생설화에서 비롯한다.

알은 우리 현대인을 되비추는, 실존의 그로테스크한 모습으로도 읽힌다. 알의 내용물은 유동적이며 늘 변화한다. 가능성을 내포하고 있으면서도 언제라도 무화無化할 수 있는 불안정한 상태가 알이다. 알의 운명은 알 수 없다. 부화하여 새 생명으로 태어날지, 천적인 들짐승의 먹이가 되거나 부주의한 발길에 밟혀 압사할지. 그 알이 애초에 무정란無精卵일 수도 있다. 비극적 무정체성이야말로 알의 정체성이다. 알은 어쨌거나 간이역이요 통과지점이지 출발지거나 목적지는 아니다. 오늘을 사는 우리의 운명과 닮은 점이 있어 보인다.

몇 해 전 방영한 TV 프로그램 개그콘서트의 '멘붕스쿨'에도 알에 관한 이야기가 나왔다. 주인공인 4차원 소녀 갸루상은 기이하고 맹랑한 캐릭터였다. 갸루상의 기상천외한 상상력과 허를 찌르는 멘트에 감탄하면서도 웃다 보면 슬퍼지는 것이 이 코너의 매력이었다. 갸루상은 까만 테를 두른 팬더곰을 닮은 눈 화장, 금색으로 탈색한 머리칼, 태닝한 피부와 희게 분칠한 얼굴에 세일러복을 입었으니 피에로를 닮았다. 갸루상의 진정한 비극은 어디에도 속하지 않은 인물이라는 점에 있다.

담임선생이 갸루상에게 넌 어떤 사람이냐고 묻는다. 갸루상은 뜻밖에도 사람이 아니라고 대답한다. 그럼 동물이냐고 물으니 동물도 아니라고 한다. 그뿐더러 식물도 아니라고 대답한다. 이것도 아니고 저것도 아니면 도대체 무엇이냐는 담임선생의 질문에 갸루상은 기상천외한 답변을 내놓는다. 대답한다. "알卵이므니다."

자기 세계에 갇혀 살며 대책이 없어 보이는 갸루상이지만 우리의 존재가 알일지도 모른다는 섬뜩한 관점을 던진다. 사물과 현상이 그렇게 보인다고 그대로인 것은 아니다. 갸루상의 폭탄선언은 본질이나 실체, 진정성과는 거리가 먼

껍데기와 모사품, 감각적 가상화면이 득세하고 횡행하는 사회 풍조에 대한 통렬한 은유거나 역설적 항변일지도 모른다.

"그래, 나 알이다. 그렇담 잘난 니들은 뭔데?"

성을 끌어와 사회적 담론으로 연결하면, 갸루상은 보통사람인 이성애자가 아니다. 그렇다고 동성애자나 양성애자도 아닌 무성애자無性愛者다. 이쪽저쪽에 모두 속하거나 어느 쪽에도 속하지 않은 경계인은 가능성과 지향성이라도 있다. 그들만의 소사이어티를 이루어 소통하고 주류 사회로부터도 점차 그 존재를 용인받는 추세다. 그러나 보이는 곳에 소외된 채, 혹은 보이지 않는 곳에 숨은 채 '실재實在하나 존재存在하지 않는 그림자 인물'은 어찌할 것인가?

알에 관한 가장 널리 알려진 에피소드는 헤세의 《데미안: 에밀 싱클레어의 청춘 이야기》에 나오는 거대한 새 아프락사스에 관한 이야기일 것이다. 싱클레어는 수업시간에 정신적인 지도자인 데미안으로부터 새의 그림에 대한 회답으로 받은 비밀 쪽지에 쓰인 문구를 기억한다.

"새는 알을 깨고 나온다. 그 알은 곧 세계다. 태어나려는 자는 하나의 세계를 파괴하여야 한다. 새는 신을 향해 날아간다. 그 신의 이름은 아프락사스다."

신성과 악마성을 통합한 새로운 개념의 신인 아프락사스

에 대한 경도傾倒는 내면에서 소리치는 치열한 자기 인식에 잇닿은 기성 제도와 관습에 대한 부정과 극복을 뜻한다. 그가 누구든 성장하여 새로운 차원의 지평을 열어나가려면 모름지기 인습과 장벽, 일상의 틀, 고정관념, 울타리를 벗어야 한다. 알은 전통, 정통, 일상, 기본, 또는 내가 지금 처한 환경이자 토양일 수도 있다.

알의 함의는 중층적中層的이다. 알을 이루는 껍질은 호의적인 보호막이 되기도 하지만, 성장을 저해하는 벽으로 돌변하기도 한다. 알은 예민하고 취약하면서도 외부의 도움 없이는 깨뜨릴 수 없는 단단함도 지녔다. 식탁에 오른 계란의 운명을 생각한다. 한 가지 간과한 것이 있었다. 어린 새는 알을 까고 나와야 새로운 세상으로의 비상이 가능한 것은 맞다. 그러나 알을 감싼 껍질을 깨뜨릴 힘과 영양소는 어디에서 얻는가? 다름 아닌 알에서 얻는다!

창窓

창窓에 매미 한 마리가 달라붙어 울어댄다. 고장 난 트럼펫 소리처럼 귀를 때리지만 하필 우리 집을 찾아 준 것이 반갑기도 하다. 빗금이 그어진 투명한 날개는 반도체 회로를 보는 것 같다. 매미는 쩌렁쩌렁 배를 움직여 울고 '찌르르릉' 꼬리로 소리를 만다. 암컷을 찾아 신호를 보내는 것이라고 하지만 도회의 잿빛 아파트 집에 짝이 있을 리 없다. 매미는 집주인에게 메시지를 보내는 모양이다. 깨어나라고, 깨어 있으라고.

창은 목적물이나 의도하는 대상 자체는 아니다. 창을 통해서는 무엇을 내다보거나 들여다볼 뿐이다. 창은 존재를 감추면서 다른 존재를 드러낸다. 하지만 보조적인 도구로서의 창이 갖는 함의는 만만치 않다. 창은 안팎이 있을 뿐 뒷면이 없다. 내다보는 창의 뒷면은 들여다보는 창의 앞면인 것이니까. 창은 사물과 현상을 구분하는 기준이 되기도 한다. 세상의 모든 것은 창 안에 위치하거나 밖에 존재하지 않은가. 창은 내포內包이자 외연外延이다. 창은 안의 것을 다독이고 포괄하며 밖의 것을 내보이고 확장한다.

사이버스페이스라는 미지의 공간을 연 마이크로소프트사가 컴퓨터 운영체제를 '윈도우(windows·창)'라고 이름 붙인 것은 의미심장하다. 새로운 세상을 깊이 들여다보고 멀리 내다본다는 뜻을 떠올리면, '윈도우'라는 명칭은 무릎을 치게 만드는 은유이자 상징이다. 사용자인 우리는 창을 두드려 불특정 다수와 교호하며 거대한 네트워크를 형성한다. 시공간을 초월해 가상공간을 유영하고 동서고금을 넘나든다. 지식과 정보를 검색하는 것은 물론 동영상을 관람하고 음악을 재생해 듣는다.

수필가 김진섭이 수필 〈창〉에서 창을 한갓 건축물로서 조명하지 않고, '모든 물체는 그 어떠한 것으로 의하여서든 반드시 그 통로를 가지고 있을'뿐더러 '창에 의하여 이제 온 세상이 하나의 완전한 투명체임을 본다'라고 짚은 것은 앞서 간 통찰이다. 시인 정지용도 〈유리창1〉에서 '유리에 차고 슬픈 것이 어린거리는' 것을 보며 '고흔 폐혈관이 찢어진 채로 아아, 늬는 산山새처럼 날아갔구나!'라고 아이의 죽음을 읊었다. 창을 통해 안팎의 대상을 동일시한 것이니 같은 맥락인 듯싶다.

창은 자유와 탈출의 상징물이기도 할 것이다. 수인囚人의 창을 생각한다. 이국의 좁은 감방에서 죽어가며 조국의 침탈을 자신의 책임으로 여겨 삶을 부끄러워한 순결한 시인의 창을 생각하고, 남미 어느 작은 나라에서 불의와 독재에 항거하다 영어의 몸이 된 어느 혁명 지도자의 창을 생각한다. 또한 오페라 〈토스카〉에서 처형의 날이 밝아옴에 '그래도 별은 빛난다'고 연인 토스카와의 지난날을 떠올리며 비통한 심정을 노래하는 죄수 카바라도시의 창을 생각한다. 어쩌면 우리 모두 수인일지도 모른다. 저마다의 가슴 속에 폐쇄된 창을 가진.

창밖의 세상을 그리워하는 절체절명의 사람들에게야 비할 수 없겠지만, 내게도 비슷한 경험이 있었다. 고등학교에 들어갈 무렵 아버지의 거듭된 사업 실패로 정릉동 산마루턱에 있는 '해 뜨는 집'에 세 들어 살았다. 문패도 담장도 변소도 없는 집이었다. 하나뿐인 방에 형제가 다섯이었으니 식구가 일곱이었다. 여자 문제로 어머니와 다툼이 잦은 아버지가 자주 집을 비우는 것이 다행이라면 다행이었다. 동거자는 그밖에도 또 있었다. 식구보다 훨씬 더 많은 수의 쥐.

방은 흙벽에 신문지로 대충 도배를 한 골방이어서 매캐한 흙먼지 냄새가 났다. 한 번은 자다 일어나 불을 켜보니 벽에 붉은 점들이 어른거렸다. 빈대들의 행진! 빈대들은 노역에 나선 죄수들처럼 부지런히 벽을 타고 오르내렸다. 그 방에는 창이 없었다. 나는 꿈꾸었다. 내게 바깥세상을 이어주는 창이 있었으면! 하늘로 열리는 조그만 창. 햇살이 반가운 듯 찾아들고 수줍은 달이 지나가며 별이 쏟아져 내리는 창. 이따금 큰 나무 그림자가 불쑥 손님처럼 들어서고 비 오는 날이면 빗방울 소리가 구슬처럼 부딪는 창이 있었으면….

내 마음에 고향처럼 남아 있는 두 개의 창이 있다. 하나는 안데르센의 동화 〈성냥팔이 소녀〉에 나오는 격자창格子窓이다. "성냥 사세요! 성냥 사세요!" 어느 세밑, 밤이 오면 집집마다 행복의 불이 켜지는데 성냥을 팔아 하루하루를 연명하는 소녀는 추위에 떨며 성냥을 켜 언 손을 녹인다. 사회의 냉대와 이웃의 무관심 속에 허탕을 친 소녀는 세밑 가족들이 단란하게 모여 앉은 집 낮은 창가에 기댄 채 숨진다. 소녀는 꿈속에서 그리워하는 할머니 품에 안긴 채 하늘로 올라간다.

또 다른 창은 오 헨리의 단편 〈마지막 잎새〉에 나오는 반원형半圓形의 창이다. 뉴욕 그리니치 빌리지 아파트에 사는 무명의 여류화가 존시는 폐렴에 걸려서 죽을 날을 기다린다. 존시는 삶에 대한 희망을 잃고 침대에 누워 반원형 창문 너머로 보이는 담쟁이덩굴 잎이 모두 떨어질 때쯤 자기의 생명도 끝난다고 생각한다. 심한 비바람이 불었는데도 나뭇잎이 그대로 달려 있고 존시는 생의 끈을 붙잡는다. 존시는 친구 수를 통해 이웃에 사는 노화가 베어먼의 희생이 있었음을 전해 듣는다.

소외돼 그늘진 곳에 자리한 두 인물 모두 같은 사람인 것처럼 느껴진다. 거리의 소녀가 본 것은 들여다보는 창이고 병상의 처녀가 본 것은 내다보는 창이지만, 두 개의 서로 다른 창 또한 같은 창으로 다가온다. 거리의 소녀는 소멸의 빛을 보았고 병상의 처녀는 생명의 싹을 보았지만, 창을 통해 바라는 간절하고 순정純正한 마음은 다름이 없었으리라. 희망과 절망은 영원회귀의 순환궤도에 잇대어 있어 낮과 밤, 동전의 양면과 같다. 한 사람은 죽어가면서 축복을 안았고, 다른 한 사람은 죽음을 딛고 생명의 끈을 찾았다. 이로써 두 사람 모두 구원에 이른 것이다.

두 개의 창을 떠난 눈길이 거실 창으로 옮겨온다. 침묵 속에 매미는 나를 보고 나는 매미를 본다. 매미가 나를 본 것일까, 아니면 내가 매미를 본 것일까? 창을 통해 우리는 하나가 된다. 나는 창턱에 내려앉은 '키이츠의 나이팅게일'이 되고, 꿈속 '장주莊周의 나비'가 된다. 매미가 무엇에 놀란 듯 더듬이를 움찔한다. 집주인에게 이별을 고하려는 모양이다. '푸릇' 매미가 창을 떠난다. 나도 매미를 따라나선다. 매미는 도회의 빌딩 숲을 지나 어릴 적 순수의 숲으로 날아간다.

독 박

🌱

내가 미쳐도 단단히 미쳤나보다. 회사를 그만두기 전 어느 해 알음알음으로 만난 '역전의 용사들'이 함께 뭉쳤다. 시작 은 언제나 '화기애매和氣曖昧'하기 마련. 서로 인사를 나누는 둥 마는 둥 흰소리를 늘어놓으며. "자, 학교 가시고오~" "사 장님 신수가 훤~ 하시네" "오가는 현찰 속에 싹트는 우정" "진도 나갑시다" 어쩌고저쩌고….

나는 '독일 병정' 스타일로, 열고에 백병전을 즐겼는지라 피 흘리는 것이 일과였다. 자정을 넘겨 잠깐 방심한 사이에 대참사가 발생했다. 한 사람 앞에 가을날 추수걸이처럼 화 투짝이 쌓이고, 나와 또 다른 선량한 희생자는 가뭄 날 말 라터진 논바닥처럼 처분만 바라는 신세가 됐다. 천기를 헤아리고 세상의 이치를 꿰뚫는 그 자가 "고!"를 불렀다. 쓰리고에 따따따, 피박에 광박까지. 아, 매정한 자여!

그래도 궁즉통窮卽通이라 혹시나 하는 마음에 판을 주시했다. 어이없게도 내가 패 한 장을 던지면 다른 불우이웃이 판을 뒤집을 수 있는 판세가 보이지 않는가. 나는 생각할 것도 없이 패를 뿌렸다. 그런데 그것이 문제였다. 그 패가 '독박(고스톱 용어·해서는 안 되는 무모한 짓)'이라는 것이다. 이를 무시하면 내가 모든 것을 뒤집어쓰고 피바다에 뒹굴게 된다. 바야흐로 모든 것의 끝이 시작되려 하고 있었다.

노름판에는 보편타당한 규정이 있는가 하면, 국지적으로 통용되는 로컬룰이 있어 해석을 두고 설왕설래가 있게 마련이다. 그것도 생生과 사死를 가름할 절체절명의 순간임에야 말해 무엇 하랴. 고스톱판에 매너 좋은 사람 없다. 매너가 좋은 것이 자랑도 아니다. 선자불래 래자불선善者不來 來者不善! 참으로 매너 좋은 사람은 고스톱판에 오지도 않을 것이다. 독박이다, 아니다로 한창 실랑이를 벌이는데 누군가 지나가는 말투로 중얼거렸다.

"독박 맞거든요!"

무심코 시선을 돌리니 처음 보는 얼굴이었다. 아까부터 왠지 모르게 신경이 쓰였는데 그의 시선을 느낀 때문인 듯했다. 그는 우리 일행 중 누구와도 아는 사이인 것 같지 않았다. 그런데 그가 처음부터 우리와 함께 있었고, 우리는 아무도 그에 대하여 신경을 쓰고 있지 않았던 것이다. 초라한 행색에 희미한 얼굴 윤곽, 약간은 권태로운 표정이 특이하다면 특이했다. 그를 의식하지 않았다는 것이 께름칙했지만 그는 불난 집에 부채질을 한 것이다. 오호라 너 잘 만났다!

"당신 누구요?"

"과객過客이지라."

그가 태연히 대답했다. 나는 어이가 없는 한편 그자의 당돌함이 분했다.

"그러니까 과객이 뭐하는 과객이냐고?"

그는 한심하다는 듯 그것도 모르냐는 듯 읊조렸다.

"지나가는 사람이지라."

나는 어조를 누그러뜨렸다. 나보다 몇 살 아래일 것이라고 짐작되는 그에게 말려들고 있다는 느낌이 든 것이다.

"그러니까 지나가는 사람이 여기서 뭐하느냐고?"

"구경하는 거지라. 구경 말고 뭐하남?"

"지나가는 사람이 그냥 지나가지 여기서 뭔 구경을 해?"

그러자 그가 메마르고 나른한 목소리로 말했다. 혼잣말하듯.

"상갓집에선 구경도 잘하데."

억눌렸던 분노가 스멀스멀 고개를 쳐들었다.

"이런 개 같은! 여기가 상갓집이야, 상갓집이냐고?"

그가 희미하게 웃었다.

"그럼 왜 문을 열어놨남?"

그러고 보니 문이 조금 열려 있었다. 일행 중 누군가가 화장실에 다녀오면서 문단속을 잊어버린 모양이었다.

"열어놓긴 누가 열어놨다고 그래? 열려 있었던 거지."

그가 득도한 고승高僧이 경을 읽는 것처럼 중얼거렸다.

"장삼張三이나 이사李四나, 어르신이나 영감탱이나, 그게 그거지라."

나는 손아래로 보이는 자가 뭘 잘했다고 꼬박꼬박 말대꾸하는 것이 영 마뜩잖았다. 한데 이상한 것은 우리 일행 중 어느 누구도 대화에 끼어들지 않았을뿐더러 적극적으로 만류하지도 않았다는 것이다. "어어, 왜 이래?" "됐으니 그만 가쇼!" 등 한마디쯤 편들었을 법도 한데. 벌어지는 상황을 은근히 즐기고 있었는지 모른다. 최소한 자기들의 일이 아니라고 손 놓고 방관하고 있었다.

나는 무럭무럭 피어나던 분노가 풍선처럼 부풀어 올라 임계점에 이르렀다. 와중에 그자의 말이 아주 틀린 말은 아니

라는, 아니면 분노의 줄기가 다른 방향으로 향하고 있지 않
나 하는 생각이 얼핏 스치기는 했지만서도.

"야, 이 호로새끼야 나가! 썩 꺼지라고."

그러자 그가 느릿느릿 일어서며 탄식조로 뇌까렸다.

"구경꾼이 구경도 못하남? 사람을 너무 핍박하면 좋지 않
은 법인디…."

그는 문가에 이르러 나를 향해 히죽 웃더니 한 마디 덧붙
이는 것을 잊지 않았다. 왠지 목소리에 힘이 실리진 않았지
만.

"그리고 그것, 독박이라고요!"

그는 그렇게 떠나갔다. 상황이 대충 정리되고 다시 우리는
게임에 열중했는데, 사람이 한번 갔다고 영원히 간 것이 아
니었다.

"꼼짝 마! 손들어! 동작 그만!"

우당탕탕 소리와 함께 경찰들이 들이닥쳤다. 그자가 대동
하고 온 것이다. 아니 알고 보니 그는 형사였다. 언제 이런
일을 당해보았던가. 화투짝을 치울 생각도 못한 채 얼이 빠
져 있는데 그가 비틀거리며 내게 다가왔다. 그는 웃지 않았
다. 오히려 피곤에 지친 듯, 갑자기 늙어 버린 듯 쓰러질 것
같았다. 그가 힘겹게 말했다.

"처음부터 그럴 생각은 아니었지라."

그의 목소리에는 어떤 절박함이 배어 있었다. 이윽고 그가 내 앞에 무릎을 꿇더니 나를 올려다보았다. 사람들은 예상치 못한 사태의 진전에 얼어붙었고, 같이 온 경찰도 묵묵히 우리를 주시했다. 그의 눈에 그렁그렁 눈물이 괴었다.

"내가 원한 것은 아니었지라. 제발…, 믿어 주셔. 나도 어쩔 수 없었다고요."

그는 숨쉬기가 거북한 듯 헐떡거렸는데 중병에 걸린 환자 같았다. 어떻게 사람이 이렇게 순식간에 무너질 수 있단 말인가. 갑자기 수십 년도 더 늙은 그의 얼굴은 숫제 눈물범벅이었다. 물줄기가 내川를 이루더니 범람하는 강江이 되었다. 그가 마지막 힘을 짜내어 말을 토해냈다.

"그리고 저… 그것, 독박… 독박 맞다고요!"

관 계

"사람을 일 년에 몇 차례만 만날 수 있다면 아마도 이상적인 관계를 유지할 수 있을 것"이란 말은 언뜻 맞는 말처럼 느껴진다. 서로를 인식하는 최초의 몇 순간이 가장 아름다울 수 있다. 그때의 만남에는 긴장과 미열 같은 기대가 함께한다. 약속 시간이 훨씬 지났어도 그저 상대방이 나와 주기만 하면 고맙고, 바라보기만 하여도 감정이 북받치며, 몇 마디 말이 오가고 가끔 뒤따르는 침묵마저도 감미롭다.

처음의 만남 이후 관계가 진전되면서 정이 함께 자리하나, 서로에게 익숙해지는 대신 그 대가로 신비함을 잃는다. 처음 몇 순간의 싱그러운 느낌을 되돌릴 수가 없다. 무릇 선도鮮度는 여인의 치맛자락 같아서 움켜쥐려면 달아나려 한다. 아니 그것의 한 자락을 들추는 순간 이미 떠나고 없는 것이다. 내보이면 상하기 마련이고 누구든 그것을 수치로 여기는 까닭인 것을. 하물며 여인에게 부끄러움이야 말해 무엇 하랴!

만남엔 헤어짐이 따르기 마련이며 그것은 삶을 다양하게 하는 국면의 전환으로 작용하는지도 모른다. 사람들은 이런저런 이유로 헤어진다. 그럴싸한 이유도 있지만 필유곡절 없이 결별하기도 한다. 그들과는 여간해선 만날 수 없다. 그러다 보면 옛사람이 보고 싶어지기도 하는 것이 상정常情이다.

오랜 기간 소식 없었던 사람을 만나느니 차라리 모른 체 지내는 편이 낫다고 많은 사람들이 말한다. 수필가 피천득도 인구에 회자되는 저 유명한 수필 〈인연〉에서 "그리워하는 데도 한번 만나고는 못 만나게 되기도 하고, 일생을 못 잊으면서도 아니 만나고 살기도 한다"고 하였는데, 삶의 깨달음과 이치를 말하는 것이 아닌가 싶다. 시간이 흐른 뒤에 만났을 때 뒤따르게 마련인 환멸을 두려워하는 때문일 것이다. 실망하고 안타까워하는 것은 좋았던 기억과 연결되어있는 상대방이 변하지 않았기를 바라는 은밀한 기대심리가 있어서일 것이고.

그러나 세월의 나이테만큼 상대방은 변했다. 얼굴 모습이 변했고, 동질성이나 공통의 화제가 없으며, 처한 입장에 차이가 있고, 경험의 범위가 다르며, 지향하는 바 또한 같지 않다. 그러니 오랫동안 보지 못했던 사람과 해후하는 일이 꼭 반갑지만은 않을 수 있다. 한두 가지 마음 상하는 일이 생기기 십상이다. 이에 만난 것을 후회하고 한탄한다. 그래서 사람을 만나고 가슴 아파하느니 차라리 만나지 말 걸 하며 자책한다. 인용한 수필 끝 대목에 나오는 "나는 아사코를 세 번 만났다. 세 번째는 아니 만났어야 좋았을 것이다"라는 구절도 그러한 애처로운 심정을 읊은 것이리라. 십분 공감이 가는 대목이다. 그러나 반드시 그런 것일까?

생각해 보면, 상대방이 변한 것 못지않게, 아니 그 이상으로 내가 변한 것을 간과하였다. 그는 내 마음속에 20대 초반의 피 끓는 청년, 아니면 풋풋한 처녀로만 살아 있는데, 나는 중년을 지나 노년으로 편입되려 하는 것을 깜박 놓쳤다. 열정의 강도와 그리움의 순도는 세월이 흐르면 퇴색하기 마련임을 눈치채지 못했다. 그간 표상表象에 집착한 것이고 비록 애틋하고 아름다운 것일지라도 그것은 허상虛像에 다름 아니었다. 이것을 시린 가슴으로 인정해야 한다. 서로가 서로에게 변한 모습을 보여주되 환멸을 두려워하지 말아야 한다. 환멸이야말로 각성으로 향하는 첫 발자국이 아니던가. 각성은 미망에서 헤어 나오게 하고 관계를 구체화해준다. 그렇게 해서 얼마간 실체에 접근하기도 한다. 그것이 비록 고통스러운 여정이 될 터이지만.

지난 세월 가장 반짝였던 시절의 사랑스러운 사람을 못 만나는 것도 그렇지만 이에 못지않게 사무치는 것은 내게 은혜를 베풀었던 사람, 오늘의 내가 있도록 길을 밝혀 주었던 사람들로부터도 떠나왔다는 것이다. 그들과 만나지 못함에 여러 변명이 있을 수 있다. '현실과 환경이 마뜩잖아서. 시간이 없고 쑥스러워서. 사는 것이 다 그렇지 뭐…' 그러나 이 모든 것은 참다운 이유가 될 수 없다. 여건이 만족스럽지 못한 것은 언제든 누구나 그러하며, 시간이 없다는 것은 핑계일 수 있다. 또한 귀찮아 하는 것이 습관이 된 것은 아닌지 돌이켜 볼 필요도 있다. 그들이 당장의 이해관계가 없어서 내켜하지 않은 것은 아닌지. 그래서 정작 중요한 사람들과는 마음뿐으로 만나지 못하는 것이 아닌지.

세월이 흐르며 그립고 고마운 사람들과 '헤어짐의 약속' 없이 태연하게 헤어져 왔다. 서로 더 이상 만나지 못하는 관계. 그런 관계는 죽은 관계와 다를 바 없다. 정체된 국면 전환을 위한 돌파가 필요하다. 사람과 사람 사이는 관계의 연장 선상에서 파악하여야 한다. 실망이 두려워 또는 아름다운 기억만을 간직하기 위해 옛 사람 만나는 것을 꺼려한다면, 한편 이해가 되는 일이기는 하나, 삶에 대한 진지함과 성숙함이 결여된 태도일 수도 있다. 만날 수 있다면 어떻게든 만나 서로 변한 모습을 수용하고 중단된 관계를 진전시켜야 한다. 환멸로 인한 아픔을 넘어 서로를 보듬고 껴안아야 하는 것이 아닐까. 꽃 같은 얼굴이 아니더라도 주름진 얼굴을 만지며 지난 세월을 이야기하고 관계를 발전시켜 나가기 위해 다시 노력하는 것이 좀 더 경건하고 참다운 삶을 사는 것이 아닐까. 그렇다. 지속적으로 유지되는 관계야말로 참다운 관계다! 그러나 그런 관계를 포착하고 서로를 끊임없이 돌보는 일이 어찌 쉬운 일일 것인가?

최근 생텍쥐페리의 《어린 왕자》를 다시 보았다. 책장 정리를 하다 우연히 눈길이 머물렀다. 금발의 곱슬머리 왕자는 하나도 나이를 먹지 않았으며 여전히 작은 칼을 쥐고 어깨에 별이 달린 초록색 망토를 걸친 채 나의 무심함을 탓하는 듯 슬픈 눈으로 쳐다보고 있었다. 책을 읽으며, 보석 같은 여러 이미지 중 현명한 여우가 어린 왕자에게 한 유명한 말에 숨은 뜻이 적지 않음을 새삼 깨닫게 되었다.

"길들인다는 것은 너무 잘 잊혀지고 있는 것이지만, 그건 '관계를 만든다'는 뜻이야… 너의 장미꽃을 그토록 소중하게 만드는 건 꽃을 위해 네가 소비한 바로 그 시간 때문이야… 너는 네가 길들인 것에 언제까지나 책임이 있게 되는 거지."

나는 젊었을 적 이 책을 읽었으나 '길들임'의 본질을 수십 년이 지나 다시금 천착하게 된 것이다. 그것의 깊은 뜻은 평상시 '내 형편이 좋을 때 상대방에게 시간을 할애하며 공을 들인다'는 정도의 단순한 것이 아니었다. 주위 환경이 마뜩잖다고 해서 내가 관계하는 소중한 것들에 대한 책임을 어찌 저버릴 것인가? '길들인다'는 것의 참다운 속내는 삶이 공허하게 느껴지고 세상만사가 귀찮게 여겨질 때에도 상대방에 대한 마음 씀과 수고로움을 아끼지 말라는 것이었다. 좌절과 절망의 늪으로 떨어져 내릴 때에도 그에 대한 믿음의 끈을 놓지 말라는 교훈이었으며, 이를 위해선 때로 자기희생의 자세도 필요하다는 엄격한 가르침이었다.

1.5층

그 건물은 1층도 2층도 아닌 어중간한 건물이었다. 처음부터 그 건물이 눈에 들어온 것은 아니다. 해 질 녘 산책길에 슈퍼마켓에 들렀다가 눈에 익은 초록색 바탕의 노란색 리본 로고와 위로 향하는 화살표 표지가 보여 무심코 옆 계단을 올랐다. 홀을 한 바퀴 휘둘러보고 옆쪽으로 트인 출구로 나오니 그냥 널찍한 평지였다. 다시 내려가는 계단이 나오든가, 엘리베이터 또는 에스컬레이터, 하다못해 아래로 향하는 비탈진 길이 나와야 하지 않겠는가?

이번엔 역순으로 쪽문을 열고 내부 홀을 가로질러 계단을 되짚어 내려왔다. 도로 면에 잇닿은 평평한 땅이 나왔다. 높이는 달랐지만 계단을 올랐는데도 1층이었고 내려왔는데도

1층이었다. 길모퉁이에 비켜서서 건물을 올려다보았다. 특별할 것도 없는 지역농협 건물이었다. 다만 건물이 아파트 입구 언덕바지에 세워져 있어 계단을 오르내리더라도 밖으로 나오면 다시 택지宅地나 도로로 연결되는 구조인 것이다. 그럴 싸 그러한지 건물이 조금 기울어져 보였다.

행인들은 건물의 생김새에 별로 관심을 두지 않는 듯 태연하게 오갔다. 건물이 한적한 이면도로에 위치한 데다 '피사의 사탑斜塔' 같은 유서 깊은 랜드마크나 관광명소도 아니니 당연한 일일 터이다. 그렇다 해도 미심쩍은 느낌이 온전히 가신 것은 아니었다. 고개를 흔들며 그곳을 떠나려는데 발을 헛디뎌 넘어질 뻔했다. 공기의 흐름이 낯설었다. 뒤통수를 무엇이 잡아채는 듯 석연치 않았다.

가던 길을 멈추어 뒤돌아보았다. 여전히 낡고 허름한 건물이었다. 초록색 바탕에다 빛바랜 노란색 리본 문양 간판 뒤로 해가 기울고 있을 뿐. 언뜻 건물이 기우뚱하더니 지면에서 비스듬히 분리돼 공중으로 떠오르는 듯한 느낌이 들었다. 건물이 입체영화에서처럼 확대되며 다가왔다. 《걸리버 여행기》에 나오는 '천공의 성 라퓨타'처럼, 영화 〈아바타〉에 나오는 '판도라 행성'의 움직이는 산처럼. 순간 한 생각이 스쳤고 그 생각이 그럴듯하게 여겨졌다. 1.5층의 삶!

계단을 올라가도 1층, 내려와도 1층이면서 떠도는 건물. 남의 눈에 잘 띄지도 않는 저 1.5층 건물이 우리네 삶을 에둘러 말하고 있지 않은가. 우리 모두 1층도 아니고 2층도 아닌 어정쩡한 사이 공간을 부유하고 있는지도 모른다. 땅에 굳건히 뿌리박지도 못하고 그렇다고 위로 오르지도 못한다. 어디론가 흘러가거나 잠시 머물면서도 그곳이 가려고 한 곳인지 정작 확신이 없다. 1.5층의 삶은 떠도는 삶, 출발지도 목적지도 아닌 경유지의 삶이다. 출발지의 설렘도 도착지의 안도감도 없이 어느 곳에도 속하지 못한 채 유랑을 계속하는 경계면의 삶.

탈인상주의 화가 고갱의 삶이 떠오른다. 문명 세계에 염증을 느낀 고갱은 2달여의 항해 끝에 타히티섬에 닿는다. 원주민 처녀와 동거하며 태고적 모습을 간직한 원색의 자연과 원시생활의 순후함을 화폭에 담는다. 빈곤과 고독, 병고에 시달리다 파리로 돌아온 고갱은 재기에 실패하고 주위로부터도 냉대를 받는다. 고갱은 다시 남태평양으로 떠나 필생의 역작인 〈우리는 어디서 와서 어디로 가는가〉를 남기지만 우울증과 영양실조에서 벗어나지 못하고 자살을 기도한다. 어디에도 정착하지 못한 영원한 보헤미안 고갱은 1.5층의 삶을 온몸으로 살아낸 사람이 아닐까?

영화 〈식스 센스The Sixth Sense〉도 생각난다. 보통 사람인 줄 알았던 주인공이 실은 죽은 자였다. 그는 죽은 사람을 보는 소년과 교우하며 우정을 가꾼다. 주인공은 죽었으면서도 이승의 사람 주위에 출몰하며 기이한 공간을 떠돈다. 막판에야 주인공의 정체가 드러나는 반전이 놀람과 애잔한 여운을 안겼다. 그런데 잠깐, 우리 주변에도 혹 이처럼 허깨비 같은 삶을 사는 존재가 있는 것이 아닐까? 아니, 산 사람의 삶은 그 같은 흐릿한 삶과 어떻게, 또 얼마나 다른 것일까.

다시 1.5층의 딜레마를 반추한다. 제 갈 길을 만족하며 반듯하게 가는 사람이 얼마나 될 것인가? 1층은 내가 속한 곳이자 나를 얽어매는 남루한 현실일 수 있다. 그에 반해 2층은 지향하는 곳, 꿈꾸거나 도달하려는 이상향일 터이다. 현실의 질곡에 발목 잡혀 있으면서도 삭막한 담벼락을 힘겹게 오르는 넝쿨 식물 같은 위태로운 삶이 우리 삶의 본디 모습일는지도 모른다.

"인간은 노력하는 한 방황한다"는 파우스트의 고뇌 어린 독백이 새삼 가슴에 와 닿는다. 한편 적지 않은 위안이 되기도 한다. '헛짚으며 헤맨다는' 것이 어쩌면 '노력하고 있다는' 반증反證이 될 수도 있지 않겠는가.

플라톤의 이데아론에 나오는 '동굴의 우화'도 생각난다.

'어둠의 사슬을 끊고 나아간 빛의 세계'가 또 다른 평평한 땅으로 이어질는지 모르지만 나는 마음속 어둑한 계단을 오른다. 해 질 녘 틈새의 시간에 회백색의 낡은 건물이 침묵 속에 잠겨 있다. 본디 그 자리에 그 모습으로 있었다는 듯.

신호등

인적이 끊긴 거리에 크고 작은 건물이 상처 입은 짐승처럼 엎뎌 있다. 가로수 나뭇잎들이 비밀스럽게 서걱댄다. 길고양이 한 마리가 처마 밑 더 짙은 어둠 속으로 숨고 어디선가 억눌린 개 울음소리 들려온다. 아파트 입구가 모습을 드러낸다. 주위가 어둡고 고즈넉하여 낯선 세상으로 통하는 경계에 다다른 느낌이다.

몇 걸음 빗긴 하늘에 신호등 불빛이 깜빡인다. 두 개의 신호등은 삼각형 위험표지판을 가운데 두고 잇닿아 있다. 차량용 신호등이지만 건널목에 보행자용 신호등이 없으니 주민이나 오가는 사람에게 도움이 된다. 낮 시간대라면 3개의 신호가 작동하겠지만 늦은 밤이어서인지 노랑 불빛만이 좌우로 명멸한다.

  강화유리와 투박한 쇠붙이 재질로 만들어진 신호등은 사라져가는 것들을 일깨운다. 가상세계, 3D 입체화면, 광대역 LTE-A 스마트폰 같은 감각과 형상, 첨단기술이 판을 치는 세상이다. 신호등과 함께 한때 중요한 도구로 사용되었으나 효용을 잃고 잊혀진 다른 것들을 떠올린다. 성냥, 10원짜리 동전, 책받침과 몽당연필, 크레용과 크레파스, 우체통과 공중전화부스…. 정보통신기술이 하루가 다르게 발전하는 요즘 추세라면 가까운 장래 빈 하늘에 신호등 대신 홀로그램 영상이 뜰지도 모르겠다.

  빈 하늘에 매달려 흩뿌리는 노랑 신호등 불빛이 외롭고 쇠잔하다. 검은빛이 섞여 유현幽玄한 느낌도 자아낸다. 문득 궁금해진다. 신호등 불빛이 제 자리에서 그냥 반짝여도 괜찮을 텐데 방향을 옮겨가며 좌左로 한번, 우右로 한번 깜빡여서다. 특별한 이유라도 있는 것일까? 한 번은 이승을 향해, 한 번은 저승을 향해 비추는 모양이다. 한 번은 이 세상의 어둡고 쓸쓸한 곳에 자리한 채 죽어가는 자에게, 또 다른 한 번은 이미 찬 곳에 누워 있어 침묵하는 모든 자에게. 점멸하는 신호등은 진혼의 불빛이려니.

  밤의 우수와 적막은 사람의 마음을 회한에 잠기게 한다.

생각해 보면 오가는 삶의 길목과 고비마다 신호등이 있었던 것 같다. 붉은 신호등이 켜있는데도 눈치 보며 다른 사람에 휩쓸려 길을 건너간 적도 있고 정작 푸른 불이 켜있을 때는 나아가기를 겁낸 적도 있었다. 이제 스스로 판단하여 길을 건너도 되는 노란 점멸등을 보면서 오히려 갈 곳 몰라 망설인다. 나는 짐짓 시인이라도 되는 양 허공에 대고 묻는다. '내 호올로 어디로 가라는 슬픈 신호냐?'

터널처럼 뻗은 단지로 들어서는데 언뜻 한 생각이 스친다. 내가 지금 위치한 곳은 어디인가 하는 물음이다. 나는 도상途上에 있다. 집으로 돌아가는 길 위에 서 있는 것이다. 외출해 일을 보거나 가끔은 귀가를 미루며 거리를 유랑하다 집으로 향하는 삶의 방식이 어제오늘 된 것은 아니다. 그것은 전에도 그랬고 앞으로도 그럴 것이다. 하지만 오래된 습관이나 관성이라고 해서 멀리할 것만은 아닌 듯싶다. 되풀이되는 일상과 새삼스러울 것도 없는 삶의 무게가 의미를 갖고 다가온다.

개별자이자 유한한 존재인 인간은 원래 외로움을 감기처럼 달고 살기 마련이다. 그러나 희망이 있는 외로움과 그렇지 않은 외로움은 다르다. 돌아갈 곳이 있고 기다려 줄 사람이 있는 외로움은 견딜만하다. 나에겐 누추하나마 지친 몸을 뉠 수 있는 곳이 있지 않은가. 그곳이 아니라면 어디에서 새로운 힘을 얻는단 말인가? 신호등의 안부가 궁금하다. 노랑 불빛은 여전히 홀로 반짝이지만 스스로를 위로하는 듯.

고개를 들어 올려다보니 내가 사는 층 아파트 창에서 발그스레한 불빛이 새어 나온다. 잠들어 있던 마음속 신호등에도 불이 켜진다. 마음에 차고 넘치는 따뜻한 불빛은 주위를 밝히고 동네 길을 휘돌아 세상으로 퍼져나간다. 나는 머리를 흔들어 '슬픈 구도構圖'를 떨치고 걸음을 빨리한다. 집으로.

피항避抗

소나기를 피해 찾아든 곳은 도로에 면한 슈퍼마켓 건물 안쪽이었다. 생각지도 않은 곳에 얼마간 머물러야 할 것이다. 빗물로 흥건한 여닫이 유리창 위로 또다시 빗방울이 후드득 부딪쳐 도랑처럼 흘러내렸다. 나무가 바람결에 이리저리 흔들리고, 형형색색의 우산을 쓴 사람들이 몸을 움츠린 채 걸음을 빨리했다. 깜박등을 켠 자동차들이 주섬주섬 몰려들며 뒤엉켰다.

창을 통해 이지러지고 뒤틀린 바깥 풍경을 보고 있으려니 오래전 근무했던 이국 공항에서의 경험이 입체화면처럼 펼쳐졌다. 80년대 초 항공사 프랑크푸르트지점에 근무했다. 그날은 서울에서 출발한 항공기가 우리 공항에 도착했다가 승객을 태우고 다시 서울로 출발하는 날이었다. 새벽녘 집을 나서는데 시야가 온통 안개로 뒤덮였다. 안개는 거미줄 같아 헤집을수록 감겨왔다.

폭우나 태풍, 안개 같은 기상 악화로 항공기가 항로를 변경하는 것을 '피항避抗·Divert'이라고 한다. 우리 공항에 착륙해야 할 항공기가 다른 공항으로 방향을 틀기도 하고, 다른 공항으로 향하던 항공기가 우리 쪽으로 날아들기도 한다. 남의 공항으로 날아간 항공기가 그곳에 오래 머무는 경우도 있다. 피항은 항공 종사자에게는 악몽이자 꿈같은 현실이다. 바로 그 피하고 싶은 상황이 벌어졌다.

우리 프랑크푸르트공항에 착륙해야 할 비행기가 짙은 안개로 인해 대체공항인 쾰른 공항으로 피항한 것이다. 출국장 로비에 설치된 항공기 운항현황판이 '차르르르' 돌아갈 때마다 'CANCELLED(운항 취소)'란 글자가 찍혀 나왔다. 연고도 없는 낯선 공항으로 항공기가 피난을 가면 어려움이 따르기 마련이다. 원래 공항에서는 할 수 있는 일이 없다. 그저 날씨가 좋아지기만을 기다리는 수밖에.

피항한 항공기의 승객이 되어 난감했던 적도 있었다. 살다 보면 예상치 못한 일이 일상의 틈바구니를 비집고 얼굴을 내밀기도 한다. 입사해 10여 년이 지났을 무렵 같은 회사 직

원인 아내와 결혼했다. 결혼식 날은 잿빛 구름이 낮게 드리우고 스산한 바람이 일던 11월 하순 어느 날이었다. 신혼여행지는 제주였는데 날씨가 좋지 않아 상공을 몇 차례 선회하다 부산공항으로 피항했다. 신혼여행지가 바뀐 것이다. 이후 아내와 함께는 물론 혼자서도 제주를 방문하지 못했다.

항공사 입사가 본디 계획했던 바람은 아니었다. 대학 시절 좋아한 작가는 카프카와 헤세였다. 나는 카프카적인 삶의 부조리와 머뭇거림을 헤세 유의 서정적이고 자기성찰적인 문체로 풀어내는 소설을 쓰고 싶었다. 인간존재의 본질을 궁구하고 인간성의 고양에 기여할 수 있다면 얼마나 좋을까? 꿈은 꿈으로 남았다. 집안 형편상 당장 취직을 해야만 했다. 그렇게 해서 항공회사에서 근무를 시작했다. 그렇다 해도 그곳에 너무 오래 머물렀다. 20년은 짧은 시간이 아니다.

탑승라운지는 몰려든 승객으로 부산하고 소란스러웠다. 탑승을 기다리는 이들 승객은 비행기가 도착하지 않은 사실조차 모르는 것이다. 탑승라운지 너머로 보이는 주기장駐機場에는 비행기 동체들이 희뿌연 안개 비 속에 어찌할 바를 모른 채 거친 숨을 몰아쉬고 있었다. 그렇게 몇 시간이 흘렀다. 승객들에게 당장 정확한 정보를 줄 수 없어 그것이 더욱 마음을 무겁게 했다. 삶도 마찬가지인지는 모르지만 출발

여부 역시 마지막 순간에 결정되는 것이다.

안개가 완전히 걷히지는 않았지만 상황이 나아져 피항했던 항공기가 우리 공항에 도착했다. 워낙 늦게 도착했으니 지연 출발은 피할 수 없게 됐다. 승객들의 불평·불만을 다독이는 한편, 정비 상태도 살피고, 화물 탑재작업도 독려하며, 관제소와 운항 가능 여부를 점검했다. 몇 시간여의 기다림 끝에 다행히 항공기 출발이 가능하다는 연락이 왔다. 탑승을 권하는 아나운서멘트가 흘러 나왔다. "아흐퉁, 비테. 마이네 다멘 운트 헤렌(승객 여러분께 안내 말씀드립니다)…."

잔무를 마치고 사무실에 돌아오니 주위가 어둑했다. 머릿속에는 항상 비행기가 뜨고 내렸다. 하늘을 나는 비행기와 닫힌 공간에 남겨진 나. 떠나간 비행기의 항적이 남긴 나의 좌표는 무엇인가? 한 가닥 아픔이 가슴을 찌르며 파고들었다. 대학 시절의 꿈을 놓아버린 회한이 축축한 토사물처럼 남았다. 내 삶의 비행기는 어느 이름 모를 권역圈域을 날고 있는 것일까? 내 삶도 혹 악천후로 인해 길 잃은 항공기처럼 비껴난 것이 아닐까.

사뭇 세월이 흘렀다. 1990년대 중반 외환위기로 나라가 기우뚱하며 곳곳이 허물어져 내렸다. 국가는 항로를 이탈해 다른 곳으로 날아가는 대책 없는 항공기였고, 국민 개개인은 우연히 그 비행기에 탑승한 승객이었으며, 나 역시 그들 승객 중 한 사람이었다. 허울도 좋은 희망퇴직 후 사는 것이 실감나지 않은 무료한 나날을 보내던 어느 날 밤늦게 집으로 돌아오는 버스 안에서였다.

자다 깨다를 반복하다 눈을 들어보니 차창에 웬 낯선 사내의 모습이 보였다. 어둑한 눈빛을 한 저 수상한 존재가 누구인가? 그때 느낀 낯섦과 씁쓸함, 허허로운 실존의 인식은 삶 전반을 되돌아보게 했고, 30여 년을 건너뛰어 글을 쓰는 계기로 작용했다. 수필 문학에 발을 들여놓은 것이다. 수필 역시 소설과 크게 다르지 않았다. 일상에서 소재를 취하되 전심전력을 쏟아야 하는 문학의 한 갈래이자, 삶의 의미를 찾는 치열한 구도의 과정이었다.

빗방울이 한결 성글어졌다. 문을 열고 한 발자국 내디디니 찬바람이 기다렸다는 듯 몰려들었다. 나는 상념에서 깨어나 정류장으로 걸음을 재촉했다. 그렇다. 돌이켜 보면 나는 줄곧 떠나왔다. 어디로 향하든 나는 지금, 여기, 이곳에 있다.

쓰레기터

쓰레기를 줍는다. 조금은 쑥스럽다. 적극적으로 나서서 쓰레기를 수거, 정리하는 것은 아니다. 그런 분들이 실제 따로 있기도 하다. 쓰레기 용역업자나 공동주택인 경우 경비원이 그 일을 거들거나 대신한다. 나는 그저 쓰레기터 주위에 흩어진 또 다른 허섭스레기를 치우는 것일 뿐이다.

여기저기 널브러진 쓰레기를 보면 인간이 본디 착한 성품을 타고났다는 말이 믿기지 않는다. 엄연히 수거함이 있지만 쓰레기를 함부로 흩뿌려 놓는 일이 다반사다. 분리함이나 포대, 자루 같은 용기가 있는데도 구분하지 않고 그냥 내다 버린다. 폐지, 전구, 생선뼈, 닭발, 술병, 담배꽁초, 가전제품, 수상한 횟가루에 이르기까지 종류도 다양하다. 어디서 본

듯한 헌 우산도 눈에 들어온다. 설마 우리 가족이 버린 것은 아니겠지.

나 보란 듯, 아니면 남모르게 '쓰레기무단투기금지' 팻말 바로 밑에 쓰레기를 내다 버리는 사람도 있다. 그런 쓰레기를 보면 적개심에 가까운 화가 치솟는다. 그 사람이 누구인지 정체를 알고 싶고, 우연히 현장에서 마주치면 한바탕해 대고 싶은 생각마저 든다. 그렇다고 숨어서 누군가의 범행 현장을 포착할 수도 없는 노릇이니 답답함은 커져만 간다. 시인 이상의 〈오감도鳥瞰圖〉를 패러디해 읊조리며 시름을 달랜다.

'제1의 아해가 쓰레기를 버리오/ 제2의 아해도 쓰레기를 버리오/ …/ 제13의 아해도 쓰레기를 버리오/ …/ 쓰레기는 아니 버리는 게 차라리 나았소.'

'텍스트 바깥에는 아무것도 없다'는 데리다의 말은 적어도 쓰레기터에서는 들어맞지 않는다. 쓰레기 치우는 사람들의 손이 못 미친 채로 담배꽁초나 휴지 조각, 비닐봉지 같은 허섭스레기는 쓰레기터 밖에도 널리게 마련이다. 하이데거가 말한 '던져진 존재geworfenes Dasein'로서의 대상과 존재 양식의 상관관계도 얼핏 생각난다. 쓰레기는 누가 버렸는지는 모르지만 여하튼 그냥 그곳에 던져진 채로 존재한다.

쓰레기에 관심을 갖게된 데에는 특별한 이유가 있다. 오래전 손에 쥔 휴지 조각을 그냥 버릴까 망설이다 그래도 예의상 한차례 주위를 휘둘러보는데 버스정류장 옆에 쓰레기통이 보였다. 그런데 휴지통 옆면에 쓰인 글자가 이상해 멈칫했다. '이ㄴ쓰레기'라고 쓰여 있지 않은가. 인간쓰레기? 고개를 갸웃하며 자세히 보니 '일반쓰레기'의 자모와 받침이 떨어져 나갔다. 아니, 내가 쓰레기란 말인가? 자격지심이 착시현상을 불러일으킨 모양이었다.

쓰레기터를 서성이며 이러저러한 궁리를 하다 그럴듯한 생각이 떠올랐다. 담배 쓰레기라도 내 주관으로 처리할 수 있으면 낫지 않겠는가? 과장해서 말하면 이 한 몸 살짝 희생해서 더불어 사는 이웃에 조금이라도 도움이 되면 좋지 않겠는가 하는 알량한 생각 말이다. 집에 깨진 도자기 사발이 있어 갖다 놓았더니 담배꽁초가 쌓인다. 그것만으로도 주위가 몰라보게 동네가 깨끗해졌다. '우리 동네 맞아?'

쓰레기터가 맺어준 인연이라면 인연일 수 있는 일도 있다. 폐지 줍는 노인과의 만남이다. 쓰레기를 내다 버리는 사람이 있는가 하면 쓰레기를 주워 생업을 꾸리는 사람도 있다. 어떤 사람은 쓰레기가 필요 없어서 버리고, 또 다른 어떤 사람은 쓰레기가 필요해 그것에 기대 삶의 도움을 얻는다. 등이 굽고, 앞니가 빠진 할아버지와는 그런대로 친해져 인사말도 주고받게 됐다.

할아버지에게는 특별한 것이 있다. 폐지를 수거하면 주변이 자칫 더 지저분해지기 마련인데 늘 깔끔하게 정리를 해 놓는다. 할아버지가 머물렀다 가면 쓰레기터가 갓 세수한 것 같다. 내심 고마움을 느끼던 차 할아버지에게 인사를 건넨다. 할아버지가 답례로 얼굴을 찡그려 웃는다. 할아버지를 보면 사람이 본디 선하게 태어났다는 성선설에 고개를 끄덕이게 된다.

쓰레기터는 그냥 쓰레기터일까 하는 생각이 고개를 쳐든다. 쓰레기터가 악취가 나고 지저분하기 마련이니 마냥 꺼려지는 곳일까. 사람 오가는 기척 없는 한밤의 쓰레기터를 그려본다. 음식물 찌꺼기, 조개껍질과 생선뼈의 무덤인 쓰레기터는 일용직 쥐들의 치열한 노동 현장, 아니면 쥐와 고양이와의 쫓고 쫓기는 술래잡기 놀이터일 수 있다. 한걸음 다 나아가 쓰레기터를 무대로 뮤지컬 〈캣츠〉의 리허설이 펼쳐질지도 모른다.

도시의 구석 쓰레기터에 고양이들이 하나둘씩 모여든다.

선지자 고양이, 광대 고양이, 망나니 고양이, 상류층 고양이, 도둑고양이…. 따돌림당하는 유흥가 출신의 늙은 고양이 그리자벨라도 있다. 파티가 시작되어 춤과 의식을 벌인다. 그리자벨라는 과거를 회상하며 노래 〈메모리Memory〉를 부른다. 비참한 현실 속에서도 행복하고 아름다웠던 시절의 기억을 되새기면서 내일에 대한 희망을 잃지 않고 긍정적인 삶을 살리라 마음을 다잡는 노래다. 설마 쓰레기터가 고양이들이 저마다의 몸짓과 표정으로 매력을 뽐내거나 관객의 마음을 훔치는 무대란 말인가.

언제부턴가 쓰레기에 더 이상 신경을 쓰지 않게 되었다. 형편이 좀 나아져 오래된 빌라촌을 떠나 그런대로 편의시설이 갖춰진 주거형 오피스텔로 이사를 간 것이다. 그런데 참으로 이상한 것은, 전에 살던 동네의 널브러진 쓰레기 더미가 가끔 떠오르고, 악취마저 그다지 싫지 않게 끼쳐오며, 허리 굽은 파지 줍는 할아버지가 나도 모르게 생각난다는 것이다.

새야 새야

마음속에 빛바랜 액자그림이 있다. 그림 속 어른 사내의 모습은 화인火印처럼 박혀 마음을 헤집는다. 추적추적 비가 내리던 어느 설날이었다. 초등학교 저학년이었던 나는 동네 아이들과 숨바꼭질놀이를 하며 놀았다. 갑자기 대문께가 시끌시끌했다. 얼마 전 대문 옆 감나무 가지에 구렁이가 죽은 채 새끼줄처럼 걸려 있었는데 또 그 일인가보다 했다. 이번 엔 그런 것이 아니었다. 낯선 어른 사내가 비를 맞으며 서 있었다. 검정색 낡은 외투를 입고, 얼굴에 수염이 삐죽삐죽 돋았다. 눈이 움푹 들어갔으며 두 볼은 꺼져 광대뼈가 불거졌다. 조금 떨어진 곳에 집안 남정네들이 그를 에워싸고 있었다.

사내의 헤진 흙 고무신 위로 빗방울이 콩 볶을 때처럼 튀었다. 거지는 아닌 것 같았다. '뗑깡(명절이나 경조사에 나타나 공연히 잡는 트집)' 부리러 온 사람이 아닌지 생각해 보았으나 그것도 아닌 듯했다. 그렇다고 딱히 무엇을 작정하고 온 것 같지도 않았다. 이웃집 아낙들과 구경꾼들이 하나둘 모여들었다. 폐병을 앓아 사랑채 외진 방에 누워 지내며 돌아다니는 법이 없는 일가 삼촌도 꾀죄죄한 한복을 차려입고 담벼락에 기대어 쳐다보고 있었다. 동무들과 나는 좀 떨어진 곳에서 줄곧 그를 지켜보았다.

　무언가 돌아가는 분위기가 수상쩍었다. 환영하는 것 같지는 않지만 모질게 대하지도 않았다. 쫓아내려고 했다면 마름 일을 보는 친척 아저씨가 진즉 나섰을 것이다. 그에 앞서 우리 개 '벅수'가 설레발을 쳤을 것이다. '벅수'는 원래 이름이 '복구福狗'였지만 하는 짓이 신통치 않아 그렇게도 불렸다. 미련퉁이도 어른들 심사를 눈치 챈 듯 주위를 맴돌기만 할 뿐 심하게 짖지는 않았다. 그저 그가 알아서 돌아갔으면 하는 대치 광경이 한동안 계속됐다. 사람들이 수군거렸다. '쯔쯧' 혀를 차는 동네 아낙네도 있었다.

　언제부터인가 뒤에 와 있던 할머니가 앞으로 나섰다. "에구 자네 왔는가?" 그렇게 말하시고는 그의 손을 끌어 사랑

채로 데리고 갔다. 뒤를 따라가 보았더니 할머니가 떡국과 무짠지 반찬을 차려 주었다. 사내는 처음엔 마땅치 않은 듯 오물거리며 떠먹기 시작했는데 숟가락질이 빨라지더니 삽시간에 대접을 비웠다. 할머니가 말했다. "참 유별난 사람이구망. 요것이 무슨 꼬락서니당가?" 그는 입 주위를 실룩거려 무엇인가 말하려하는 것 같더니 그만두었다. 요기를 마치자 할머니가 어찌어찌 타이르는가 싶더니 그의 손을 잡고 대문으로 데리고 갔다. 막판에 한마디 덧붙였는데 꾸짖는 것은 아니었고 부탁조의 말투였다. "자네가 하면 요로코롬 왓싸면 쓰것는가."

사내는 나타났을 때부터 이상하게도 아무 말도 하지 않았다. 달다 쓰다 말없이 대문을 나서던 그가 힐끗 나를 보았다. 흐릿한 눈에 잠깐 빛이 들어왔다가 스러졌다. 나를 알고 있는 모양이었다. "니가…, 너로구나. 왔다 갔닥캐라…, 알것냐?" 그가 비로소 입을 연 것이다. 가래 끓는 목소리가 잇사이로 새나와 듣기에 거북했지만 나도 모르게 고개를 끄덕였다. 그가 입을 씰룩거려 웃으려나보다 생각했는데 소리가 되어 나오진 않았다. 이윽고 시선을 돌려 다른 사람들을 휘둘러보더니 더듬더듬 말했다. "나가…, 입이 백 개라도, 하면 무슨 할 말이 있것소." 힘겹게 말을 마친 후 걸음을 옮겨

놓았다. 더없이 느린 걸음이었지만 한 번도 뒤돌아보지는 않았다. 빗줄기가 굵어졌다. 구경꾼들이 하나둘 흩어졌다. 복구가 사내를 쫓아가는가 싶더니 이내 돌아와 몸통을 흔들어 대는 바람에 사방으로 물방울이 튀었다.

어른들 말을 들으니 그 사내는 이모부였다. 젊었을 때 소문이 자자한 미남자였다는 이모부는 데릴사위로 들어왔는데, 봉사인 이모를 버리고 딴 색시를 찾아 집을 나간 것이었다. 나중 형편이 좋지 않아 떠도는 신세가 됐다. 뉘우치고 돌아오려 했으나 이번엔 집에서 받아들이지 않았다. 마침 이모도 대청에 나와 있었던지 서둘러 방으로 들어가려던 참이었다. 나는 무슨 신나는 일이라도 되는 양 쪼르르 달려가 이모의 팔을 흔들었다. "이모! 이모! 이상한 사람이 왔당께."

무슨 연유로 고모도 아니고 나이든 이모랑 같이 살게 됐는지는 기억나지 않는다. 이모 이름은 '봉선'이었는데 검정 치마에 흰 옥양목 저고리를 단정히 입었다. 머리는 동백기름을 발라 쪽지어 넘겼고, 손에는 염주를 굴리고 있기 예사였다. 갓방(끝에 있는 추녀 밑 방)에 기거하며 바깥으로 잘 나오지 않았다. 간혹 대청으로 '마실'을 나올 때면 문지방에 걸려 넘어지지 않고 주섬주섬 다니는 것이 신기했다. 이모는 항상 눈을 감고 있어서 무슨 생각을 하는지 알 수 없었는데, 눈을 치뜨면 흰자위가 힐끗 보이려다 말았다. 이모의 유일한 소일거리는 툇마루에 앉아 노래를 부르는 것이었다. 노래는 너무 구성져서 듣기에 좋지 않았고, 이모도 노래를 끝까지 부르는 법은 없었다.

　이상한 사람이 왔다고 말했지만 이모는 가타부타 말이 없었다. 눈 사위가 붉어지고 몇 번 눈을 깜빡였을 뿐. 말을 전해주고 나서 어른 사내의 일은 까맣게 잊어버린 채 한바탕 빗속에서 놀고 집에 와보니 이모가 툇마루에 무릎을 세우고 앉아 늘 부르던 노래를 부르고 있었다. 이모는 보이지 않는 눈이긴 하나 어디 깊은 곳을 바라보고 있는 것 같았다. 노래는 평소보다 오래 계속되었다. 역시 끝까지 부르진 않았지만.

　　　‘새야～ 새야～ 파랑새야～/ 녹두～ 밭에～ 앉지 마라～
　　　녹두～ 꽃이～ 떨어지면～/ 청포～ 장수～ 울고 간다～’

　이모부라는 어른 사내는 그 후 보지 못했다. 나는 초등학교 졸업 후 서울 친척 집으로 옮겨 중학교를 다녔다. 4·19 나던 해 이모가 돌아가셨다는 말을 들었다. 방학 때 집에 오니 할머니가 일러주셨다. 이모가 좋은 곳으로 갔다는 것이다. "느그 이모는 하면, 인자 '볼 수 있는 세상'으로 갔다 이 말이제!" 참으로 이상한 것은, 처량하게 노래를 부르던 봉사 이모보다 빗속에 발을 끌며 떠나가던 검정 외투를 입은 사내의 모습이 언제부터인가 마음속 깊이 들어와 앉았고 더 자주 생각난다는 것이다.

제2부

웰컴 투 마이 월드

웰컴 투 마이 월드

처음부터 항공사에서 직장 생활을 하리라고는 생각지 못했다. 졸업을 앞둔 어느 날 아르바이트 집에서 점보기(BOEING-747)가 세계지도 위로 비스듬히 날아오르는 신문 광고를 보았다. '세계를 그대 품 안에!' 그러자 조급해졌다. 집안 형편상 당장 취직을 할 수밖에 없기도 했다. 살다 보면 잠시 들른 곳에 오래 눌러있게도 된다지만 20년은 짧은 시간이 아니다. 잠시 다니러 간 곳에서라면 더욱.

노래 〈웰컴 투 마이 월드Welcome to My World〉를 여느 때보다 감명 깊게 들은 것은 1970년대 회사에 입사한 후 첫 새내기 출장길에서였다. 서울을 떠난 비행기가 열 몇 시간의 비행 끝에 호놀룰루 공항 상공에 이르러 착륙 모드로 하강하기 시작했다. 기내 스피커를 통해 아니타 커 싱어스The Anita Kerr Singers의 천사 같은 화음이 흘러나왔다. 그때 그 노래가 다가와 마음에 꽂혔다. "웰컴 투 마이 월드(나의 세계로 오세요)~"

창을 통해 내다본 밝은 태양빛과 바람결에 흔들리는 키 큰 야자수가 애수를 자아냈다. 그때 느꼈던 긴 여행 끝 피곤한 그리움과 신비스런 경건함은 지금도 손에 잡힐 듯하다. 마음속에 물결이 일고 알지 못할 용기가 솟아났다. 〈웰컴 투 마이 월드〉 노래가 이어졌다.

'나의 세계로 오세요/ 기적처럼 신비한 일도/ 때때로 일어나요/ 내 마음속으로 들어 오세요/ 근심 걱정은 뒤로하고/ 그대를 위해 지은 나의 세계로~'

회사생활은 순조로운 편이었다. 앞서가진 않았지만 뒤처지지도 않았다. 세계를 무대로 하는 항공회사의 특성상 어학을 전공한 것이 도움이 되었다. 국제회의에 참석할 때는 회사를 대표하는 자부심도 있었다. 가난한 학생이었던 나에게 '지갑 속 지폐 몇 장'이 은밀한 기쁨을 주기도 했다. 그러면서도 언제부터인가 '이게 아닌데?' 하는 회의가 드는 것은 이상한 일이었다. 물질적으로 어려움이 없었던 그 시절이 정신적으로는 황폐한 불모의 시기였던 모양이다. 승진과 경력 추구가 유일한 관심사였으니까. 돌이켜보니 그때는 '가장 구체적이면서도 가장 허구적인 나날'이었다.

노래 〈웰컴 투 마이 월드〉는 원래 컨트리 음악Contry & Western의 으뜸 가수인 짐 리브스Jim Reeves의 곡이다. 하지만 일반 대중에겐 오리지널 가수의 백 보컬로도 활동한 적이 있는 5인조 혼성보컬 아니타 커 싱어즈의 꿈꾸는 듯 감미로운 버전이 더욱 친숙하다. 항공사에서 사용한 CM송과 보딩송(이·착륙 시 들려주는 음악)도 아니타 커 싱어즈가 부른 것이다.

'세계를 그대 품 안에!' 그때를 잊을 수 없다. 새로 개설한 프랑크푸르트공항의 지점장으로 부임하던 참이었다. 도시 상공에 이르러 비행기가 하강하기 시작했다. 시내가 손에 잡힐 듯 다가왔다. 기내 아나운서멘트가 들렸다. "아흐퉁, 마이네 다멘 운트 헤렌!(승객 여러분 안내 말씀드리겠습니다!)" 그때 그 증세가 나타났다. 돌연한 공포감, 호흡곤란. 암흑 시야. 머릿속 쇠구슬 구르는 소리. '툭툭 투둑 투투둑.'

쇠구슬이 삽시간에 여러 개로 불어나더니 서로 부딪히며 굴렀다. 머릿속은 곧 쇠구슬들의 조야粗野한 울음소리로 가득 찼다. 검은 운석들이 비행기의 동체를 뚫고 의식의 천막 속으로 포탄처럼 쏟아져 내렸다. 땅이 출렁거리며 돌진해왔다. 비행기가 추락하고 있었다. '뚜뚜뚜뚜', 이머전시! 승무원들이 달려왔다. 옆 승객의 황급한 목소리. "바스 이스트 로스(Was ist los·왜 그래요)?" 그 판국에 타고 있는 비행기기가 독일 국적 항공기임에 생각이 미쳤다. 나는 북소리 같은 심장의 박동소리를 들으며 필사적으로 외쳤다. "힐페!(Hilfe·도와줘요)! 힐페!"

〈웰컴 투 마이 월드Welcome to my world〉 노래에는 믿기지 않는 이야기기 얽혀 있다. 아니타 커 싱어즈는 짐 리브스가 비행기 사고로 타계한 후 이 노래를 리메이크해 헌정했다. 그런데 나중에 이 그룹 멤버 한 사람이 또 비행기 사고로 죽는 불행을 겪는다. 노래를 작곡하고 부른 짐 리브스가 젊은 나이에 비행기 사고로 죽고, 노래를 헌정한 가수 중 한 사람이 또 비행기 사고로 횡액을 당하고, 항공회사에서는 이를 모른 채 오랫동안 이 노래를 로고송으로 사용하다니!

독일에서의 언뜻 화려해 보인 4년은 기나긴 추락과 붕괴의 과정이었다. 임기가 끝나 귀국할 무렵 의사가 주의를 주었다. 지나친 완벽추구와 인정욕구로 인한 스트레스가 병의 원인이라고. 병으로 인한 고통보다 감추는 것이 더 힘들었다.

주위 동료들에게 눈치채지 않게 하는 방법은 증세가 나타나려는 기미를 미리 낚아채 약을 복용하는 것이었다. 위험을 회피하려는 과다복용이었지만 당장을 견디어 내는 일이 급했다. 주머니 속에 작은 송곳을 갖고 다닌 것은 그때부터였다. 나를 찌르려고. 육체의 고통으로 정신의 아픔을 이겨내려고.

사람의 마음을 부드럽게 어루만져주어 마냥 높은 곳으로 인도하는 〈웰컴 투 마이 월드〉 노래 가사를 보면 '문을 두드리면 열릴 것이고 구하고 찾으면 얻을 것이니Knock and the door will open, Seek and you will find~'라는 내용이 있다. 치과병원에서 들으면 좋을 법한, 더 할 수 없는 평화로움을 주는 복음성가 같은 노래가 비운의 노래가 된 것이다. 이를 뒤늦게 알게 된 항공사가 이 음악을 더 이상 사용치 않았음은 물론이다.

나는 의사의 진단과 조언을 예나 지금이나 마음에 담지 않았다. 그렇다면 세속에의 꿈을 꾼 다른 사람도 마찬가지로 병에 걸려야 하는 것이 아닌가. 몸은 점점 나빠져 갔다. 나중에서야 알았다. 과일 속처럼 단단한 몰락의 씨앗이 훨씬 오래전부터 자라고 있었음을. 추락은 날아오르기 전에 이미 시작된 것이었을까? 모든 시작은 '끝의 시작'이었다. 남들은 의아해했지만 '일신상의 사유', 그러니까 '나만이 아는 이유'로 사표를 제출했다. 귀국 후 일 년여가 되었을 무렵이었다.

회사를 나와서도 몸은 좋아지지 않았고 마음은 더욱 피폐해갔다. 어느 날 밤 늦게 집으로 돌아오는 버스 안이었다. 낯선 얼굴이 보여 깜짝 놀랐다. 차창에 비친 저 수상한 존재가 누구인가? 그것은 세속적이고 물질적인 것을 좇느라 페르소나로서의 분식된 삶을 살아온 사내의 모습이자 '거울단계'를 벗어나지 못한 슬픈 중년의 자화상이었다. 차창에 되비친 얼굴은 나를 들여다보게 했다. 허허로운 실존에의 인식이 글을 쓰게 된 직접적인 동기가 된 것이다.

아내가 아이를 가지면 임산부만 보이고, 아이가 군대에 가니 온통 군인만 눈에 띈 경험이 있다. 마음 가는 곳에 길이 있다더니, 일단 글을 쓰기로 마음을 굳히니 어디서 그렇게 쓰고 싶은 일들이 생겨나는지 신기하기만 했다. 온갖 상념이 지그재그로 뻗어 나가고, 갖가지 이미지들이 형형색색의 나비처럼 날아오르며, 지하 토굴土窟에 봉인해놓았던 지난날의 기억들은 먼저 꺼내달라고 아우성을 쳤다.

글을 쓸 때 염두에 두는 것은, '지금, 여기, 이곳'의 문제이다. 사회적 이슈나 문화 현상, 일상의 체험이나 옛날의 기억,

추억의 명화, 오래된 팝 명곡을 다룰 때도 현시성現時性을 떠올린다. 인간에게 내재한 원형의 정서도 짚어본다. 보편적이고 근원적인 주제야말로 절박한 관심사가 아닐까 하는 생각도 든다. 인간성을 고양高揚하는 글, 지적인 성찰의 단초를 주는 글, 치열한 사유와 시적 서정이 어우러지는 글, 마음을 움직여 변화를 이끌어내는 글을 쓰고 싶다.

가끔 왜 글을 쓰는가를 자문한다. 삶의 숨은 뜻을 찾아서? 지나간 형적形跡을 더듬어 보기 위해? 방황하는 한 노력하니까? '그냥, 그저, 대책 없이!'라는 표현이 오히려 더 와닿는다. 남을 위로하려 쓴 글이 사실은 나를 위로하는 것에 다름아니었다. 그렇더라도 글을 안 쓰면 불안하고 다른 일을 하면 초조하다. 글 쓰는 일이 존재의 이유가 된 셈이다. 참으로 알 수 없는 것은, 글을 쓰면서 조금씩 건강을 되찾게 되었다는 것이다. 오랜 방황 끝에 진정한 '나의 세계로 들어선' 것일까? 천상의 화음이 귓가에 날아와 앉는다. "웰컴 투 마이 월드~."

점點의 흔적

　늦가을 아파트 단지 사이로 난 산책로를 걷는다. 곧게 뻗은 데다 제법 긴 길이어서 멀리까지 한눈에 들어온다. 이면 도로인지라 오가는 사람은 많지 않고 휑뎅그렁하다. 헬멧을 쓴 남자아이가 킥보드를 타고 앞지른다. 나뭇잎 한 장이 멈칫 얼굴을 스치며 떨어져 내린다. 한눈을 파는 사이 아이와 거리가 멀어졌다. 아이는 도로 끝에 이르러 흐릿한 점點으로 변하더니 건물을 돌아 시야 밖으로 벗어난다.

　눈이 시리다. 어디서 본 듯 낯설면서도 낯익은 상고머리 아이가 역사로 들어선다. 초등학교를 마친 아이는 서울에서 학교를 다니러 고향을 떠나는 참이다. 무엇을 잘못한 사람처럼 뒤처져 어른들을 따르던 어머니는 소리 내어 울지 않았다. 막판에 앞으로 나선 어머니는 눈자위가 붉어진 채 아이의 손을 꼭 잡아주었다. 기차가 출발하자 플랫폼에서 손을 흔들던 어머니의 모습은 화인火印이 돼 아이의 가슴에 남았다. 기적소리를 뒤로하고 어머니가 점점 작아지더니 점이 되었다.

아이는 여름방학을 맞아 그리던 고향 집으로 내려왔다. 그런데 누구보다도 반겨줄 어머니가 집에 없었다. 어른들이 말해주었다. 아버지와의 불화로 외가로 쫓겨 갔다는 것이다. 전에도 그런 일이 있었다. 아버지는 집에 머무는 날이 드물었고 밖으로 나돌았다. 쇠락해가는 여느 종갓집 장남이 그러하듯 다른 일, 이를테면 술타령이나 마작 같은 유흥에 빠져 밖에서 지내는 성싶었다. 한 번은 아이가 기생집으로 아버지를 찾으러 간 적도 있었다.

며칠이고 집을 비운 아버지가 초췌한 모습으로 돌아온 날이면 온 집안이 시끄러웠다. 어머니에게 술 추렴할 돈을 구해오라고 타박하는 일이 다반사였다. 아이 생각으로도 아버지가 백번 잘못한 것 같은데 집안 어른들이 아버지 편을 들며 두둔하는 것이 알 수 없는 일이었다. 어머니는 아버지와 다투고 난 다음날이면 길 떠날 채비를 하고 눈시울을 붉힌 채 아이의 손에 종이돈 몇 잎을 쥐어주며 당부하곤 했다.

"큰아야, 외갓집에 다녀오마. 동생 잘 돌보고 있거라, 알것냐?"

아이는 고개를 끄덕였고 어머니는 며칠이고 집을 비웠다. 아이는 그런가보다 했지만 애먼 어머니가 무슨 잘못을 했는지 도통 알 수 없었다. 어머니를 내친 집안 어른들이 야속했다. 아이는 그 후로도 방학이 되면 고향에 내려오곤 했다. 하지만 집안 사정은 별로 나아지지 않은 듯했다. 계절이 지나고 해가 몇 번 더 바뀌었다. 아이는 이젠 방학이 되어도 고향 집을 찾는 것이 더 이상 내키지 않았다.

사춘기 어림에 들어선 아이에게 새로운 관심거리가 생겨났다. 등·하교 길에서 마주치는 세일러복의 여학생이나 영화 속 여주인공이 마음속에 들어와 앉았다. 아이는 소년의 강을 건너며 익숙한 것들로부터 떠나는 참이었나보다. 그로부터 한참 세월이 흐른 후였다. 기차를 타고 고향을 떠날 때 어머니의 모습이 아이에게 그러했듯 아이 또한 어머니 마음속에 소멸하는 점으로 남았으리라는 생각을 떠올린 것은.

청년이 된 아이가 고등학교 기하 시간에 배운 점은 지금까지 알던 점과는 사뭇 다른 것이어서 혼란스러웠다. 수학자나 철학자가 정의한 점은 '더 이상 쪼갤 수 없는 어떤 것'(유클리드), '쪼갤 수 없는 선線'(플라톤)인가 하면, '위치만 있고 크기는 없는 최소의 단위'(아리스토텔레스)다. 점에는 너비가 없다. 그런데도 점과 점 사이에 선線이 있고, 선이 선과 만나 각角을 이룬다고 한다. 나아가 점을 이으면 선이 되고 선이 너비를 갖추면 면面이 된다는 것이다.

아이가 점에 대해 천착한 것은 대학생이 되고 나서였다. 독문학을 전공하며 형이상학적이고 사변적인 주제에 관심을 두어 점과 선의 관계에 대해 생각을 거듭하다 이들의 불완전한 존재양식에 맞닥뜨리게 됐다. 점은 찍히는 순간 존재가 소멸된다. 그럼에도 점으로 잇는 선이 그려지는 순간 되돌릴 수 없다면 이들은 가상세계에서처럼 '존재'하나 '실재'하지 않는 것인가? 우리가 보고 느끼는 모든 대상이 원래 그대로인 것이 아니라 마음속 표상이 발현, 투사된 것과 다를 바 없는가.

대학을 졸업한 아이는 직장생활을 시작했다. 어른들의 사회에 적응하는 일은 녹록지 않았다. 한때 그것을 위하여 헌신하리라 다짐했던 가치와 믿음을 외면하거나 소홀히 하는 과정이었다. 또 그러한 생활에 길이 든 자신을 보며 한편 놀라면서도 수긍하는 자신을 합리화할 수밖에 없는 국면의 연속이었다. 점은 물론 선이나 면, 각 같은, 사는 데 큰 도움 안 되는 추상적인 개념으로부터도 자연스럽게 멀어졌다.

그로부터 수십 년이 흘렀다. 퇴직 후 노년의 문턱에 들어선 아이가 조우한 또 다른 점은 낯설면서도 당혹스러운 것이었다. 디지털 커뮤니티 시대상을 반영하는 '노드(node·접속점)'가 그것이다. SNS(소셜네트워크서비스)에서는 개인이 한 개의 노드가 되어 다수의 불특정 노드들과 영향을 주고받으며 관계망을 무한대로 연결한다. 하지만 노드와 노드가 소통하고 연결망이 확장될수록 개인의 실체적 삶은 공허하기만 하다. 그럴수록 내면은 더욱 소외되고 황폐해지는 것이다. 점의 본디 속성이 관계의 끝맺음이요, 연결되는 순간 소멸하기 마련인 것을.

산책로 길섶에 놓인 벤치에 나뭇잎이 주저주저 미끄러져 내린다. 사라지는 모든 것들은 망설이다 점이 되어 사라지기 마련이다. 이 나뭇잎 또한 점으로 변했다가 흔적도 없이 스러질 것이다. 늦가을의 정서는 적막함이 제격이다. 머지않아 잿빛 갑주 차림의 겨울 군대가 기치창검을 번뜩이며 도하渡河하리라. 늦가을 아파트 단지의 산책로를 걸으며 반추한다. 내가 어떤 이들에게는 소실점처럼 사라져간 대상이었고, 그들에게 아픔과 상처를 주어왔으리라는 것을.

쫓기듯 걸음을 재촉한다. 산책로 끝에 이르러 두리번거린다. 헬멧을 쓰고 킥보드를 타고 간 아이의 흔적이 남아 있을까 하고. 나를 앞질러 점이 되어 사라진 그 아이가 내가 잘 아는 아이가 아닐까 해서. 눈이 시리다. 환청인 듯 유년의 기적소리가 들린다. 엄마 치마끈을 붙잡고 역사 안으로 들어선 상고머리 아이가 기차를 타고 점이 되어 사라진다. 플랫폼에 또 다른 점이 된 엄마를 남겨둔 채.

벽壁의 침묵

　새로 이사 온 동네는 볕도 들지 않는 골목이 얼기설기 미로처럼 얽혔다. 시간이 멈춘 듯 음습한 골목에는 잡풀이 우거지고 악취가 먼지처럼 일렁였다. 그보다 골목을 걷다 보면 벽壁이 나타나 길을 막는 것이 문제였다. 다른 골목으로 접어들어도 또 다른 벽이 나타나 길을 가로막곤 했다.

　벽의 모습은 엇비슷했다. 암적색 타일이나 벽돌로 만들어진 벽도 있었지만, 대부분 우중충한 잿빛 콘크리트 벽이었다. 철 지난 전단지가 붙어있고, 상형문자 같은 글씨가 보이는가 하면, 얼룩이 진 데다 움푹 파여 있기 일쑤여서 찢겨나간 낡은 지도 같았다. 벽 앞에 서서 벽이 침묵하는 것을 보았다.

벽처럼 여러 의미를 갖는 말도 흔치 않으리라. 일상에서 대하는 거실이나 건물의 벽, 나무 그림자가 어른거리거나 담쟁이넝쿨이 간당간당 오르는 벽, 로프 한 가닥에 목숨을 매달고 오르는 산 사나이가 마주하는 빙벽이거나, 역사적 슬픔이 배어 있는 추모의 벽 같은 구체적인 사물과 대상으로서의 벽이 있다.

다른 한편 추상적이지만 낯설지 않은 벽도 있다. 플라톤이 '이데아론'에서 설파한 동굴 속 수인이 마주한 벽, 청춘이 부딪는 좌절의 벽, 갑과 을 간 신분을 가르는 벽, 사람과 사람 사이의 소통을 가로막는 벽…. 생각해 보면 우리가 사는 세상, 삶의 터전이야말로 사방이 벽으로 둘러싸인 성채城砦와도 같지 않은가.

살면서 몇 차례 벽을 맞닥뜨렸다. 내가 부딪은 최초의 벽은 중학교 입시였다. 명문으로 꼽힌 K중학교에 응시했다. 주위의 기대를 모았지만 그 학교는 지방의 작은 도시에서 올라온 상고머리 소년에게 곁을 내주지 않았다. 사람들에게 실망을 안겨주고 2차 중학교에 진학했다. 이 사건은 두고두고 나의 능력에 대해 회의하는 트라우마의 바닥에 자리한 진원震源이었다.

대학 입시 때 또 한 번의 좌절을 맛보았다. 유명 대학인 S

법대에 낙방한 것이다. 사춘기를 거치며 충격이 컸으나 중학교 때처럼 마음을 상하지는 않았다. 2차로 대학에 진학해 그런대로 분위기에 적응하게 된 것도 마음을 가볍게 했다. 초등학교 때처럼 남녀공학 교실에서 여학생과 옆자리에 함께 앉아 숨죽이며 프린트물 교재를 뒤적이는 기분은 새로운 설렘이었다. 그에 더해 마음에 둔 여학생도 생겼다. 내색하지 못하는 혼자만의 사랑이었지만.

학기가 끝나고 겨울방학이 시작되어 더 이상 그녀를 볼 수 없는 날이 이어졌다. 그 무렵 나의 존재 이유이자 삶의 근거가 사라진 것이다. 용기를 내 그녀의 집에 전화를 했다. 가사를 돕는 아주머니가 전화를 받았다. "아가씨 말씀인가요? 스키 타러 대관령에 가셨는데요." 1960년대 중반 12월 어느 날이었고, 가난한 청년에게 좌절을 안겨준 신분과 계층의 벽이 흐릿한 모습을 드러내며 거인처럼 다가왔다.

가까운 사람과의 소통을 가로막는 무지와 무관심에서 비롯하는 벽은 뼈아프다. 신혼 초였으니 사뭇 오래되었다. 나이 차이가 나는 아내와 짧은 교제 기간을 거쳐 결혼했다. 어느 날 우연히 아내가 쓴 메모를 발견했다. 내용이 뜻밖이어서 놀라웠다. '새장에 갇힌 새처럼 내 신세가 처량하고 답답하다. 엄마가 보고 싶다. 결혼이 이런 것이었단 말인가?' 그

랬었나? 아니, 왜? 메모 글을 읽고 어찌할 바를 몰랐다. 한 자락 낌새도 눈치채지 못했기 때문에 자책이 한층 더 심했다.

아내를 이해하게 된 것은 시간이 흐른 후였다. 어린 아내에게 어찌 당혹스러움이 없었으랴? 삶의 모습, 정체와 형질이 하루아침에 변했는데 즐겁기만 했겠는가. 결혼 전 자유로운 삶에 대한 그리움도 한쪽에 자리했음 직하다. 상대방의 입장과 처지에 대한 이해 없이 그런 것이려니 지나쳐온 자신이 원망스러웠다. 허물없이 오간 것이라고 믿어온 내가 견고한 울타리를 치고 불통의 벽을 두르고 있었던 것이다.

벽이 '관계의 단절'이나 '능력의 한계' 또는 '가로막는 장애물' 같은 부정적인 의미로 빗대 쓰이지만 반드시 그런 것만은 아닐 터이다. 벽의 효능과 긍정적 측면을 생각한다. 벽은 못과 장식물의 거처가 되기도 하고, 거미 같은 곤충에게는 삶의 치열한 현장일 수 있으며, 노숙자나 술 취한 가장처럼 일상이 힘겨워 무엇엔가 기대고 싶은 사람들에게는 등을 받쳐주는 위안처요 피난처가 되기도 할 것이다.

벽은 마주 선 사람에게 답답함을 안겨주는 경우가 많지만 다른 한편 높이와 단단함을 일깨워 도전정신을 북돋기도 한다. 때로 불통을 뜻하는 벽이 관계를 잇는 창구가 되기도 한다. 벽을 마주한 사람이 벽을 두드려 벽 너머나 다른 벽 속에 있는 사람과 소통하고 교호할 수도 있지 않은가? 알렉상드르 뒤마의 소설 《몽테크리스토 백작》에 나오는 암굴巖窟에 갇힌 주인공 에드몽 당테스가 그러했듯.

삶이 힘겹게 다가오면 이사 와서 헤맸던 어두운 골목길, 그리고 수시로 부딪곤 했던 벽을 떠올리곤 한다. 무심한 벽이 침묵으로 말을 건넨다는 것을 나중에 알았다! 벽은 그냥 벽이 아니었다. 벽은 머무르거나 좌절하지 말라는, 돌아가거나, 넘어가거나, 뚫고 가라는, 그러니까 제발 무엇이든 시도하라는 절절한 기표記標이자 기의記意에 다름 아니었다.

돌이켜보면 나는 벽을 대하고 버려진 것처럼 느꼈지만 그렇다고 아주 버려진 것은 아니었다. 벽 앞에서 망설이며 머뭇거리긴 했지만 방향을 틀어 다른 골목길로 접어들었다. 다시 벽을 만나고 잠시 가늠하다 또다시 되돌아 나오기를 몇 차례 되풀이하니 출구가 보였다. 그렇게 해서 큰길로 나서자 돌연 시야가 트였다. 거리는 온통 소리音의 잔치, 빛日光의 홍수였다.

불火의 추억

　우리 영화 〈타워〉(설경구, 손예진 주연)는 도심의 고층 건물에서 발생한 화재를 다룬 재난영화로 기시감이 있다. 폴 뉴먼, 스티브 맥퀸, 페이 더너웨이 등 호화배역진이 출연한 1974년 외화 〈타워링 인페르노The Towering Inferno, 개봉 당시 제목은 타워링〉와 닮은 꼴 영화다. 도심 최신식 건물에서 발생한 화재, 화재에 취약한 건물 구조에 대한 사전 인지 미흡, 재난 속 이러저러한 사연과 위험을 헤쳐나가는 분투노력….

　〈타워링〉은 재난영화의 걸작인 원조 〈타워링〉이나 〈포세이돈 어드벤처〉에는 미치지 못한다. 스토리의 흡인력, 캐릭터의 구현, 재난 속에 피어나는 휴머니즘 등 주제 의식과 전달하려는 메시지 면에서. 그렇지만 CG 촬영한 화면은 볼

거리를 제공한다. 유리창이 일제히 깨진다든가, 공중 가교가 허방다리처럼 무너져 내리는 장면 등. 〈타워링〉은 최소한 '재난은 면한 재난영화'다.

살아오면서 몇 번의 불을 멀리서 또 가까이서 목격했다. 큰 불을 직접 경험한 것은 군에 복무할 때였다. 1970년대 초, 미군에 배속된 한국군인KATUSA으로 부평에 있는 보급 기지ASCOM의 병원 동을 개조한 콘셋 막사 침대에 누워 잠을 청하려는데 "불이야!" 하는 다급한 외침이 들렸다. 막사 가까운 곳에 있는 주유 탱크에서 연이은 굉음과 함께 화염이 치솟았다.

밖으로 뛰쳐나와 동료들과 현장을 지켜보았다. 부대 내 소방서에서 출동한 불자동차들이 잉잉 소리를 내며 집결해 물줄기를 뿜어댔다. 잡히는가 했던 불길은 강한 바람을 타고 옆 피복 창고로 옮겨붙더니 삽시간에 숙소 막사로 번졌다. 우리는 다만 불행한 현장을 지켜볼 뿐이었다. 불구경이 재미있다는 말도 있지만 꼭 그런 것만도 아니었다. 그저 망연한 느낌이었고 알 수 없는 슬픔이 차올랐다. 52동 막사가 전소된 큰 불이었으나 다행히 사상자는 없었다.

다음 날 동료들은 삼삼오오 모여 막사에 두었던 소지품과 물건들이 없어졌음을 한탄하며 서로를 위로했다. 나 또한 예

외가 아니었다. 내가 가졌던 물품 또한 유실했으니까. 그런데 이상하게도 별로 슬퍼지지가 않았다. 내가 잃어버린 것들이 책, 휴대용라디오, 옷가지 등속으로 별로 값나가지 않은 소소한 것들이긴 했지만. 다른 종류의 슬픔을 느껴졌다는 편이 옳을 것이다. 잃어버리고 나서야 그것을 잃어버리기 전에 소유하고 있었다는 의미가 진하게 와 닿았다고나 할까. 아니, 반드시 그런 것같지만 않은 석연찮음이 가시지 않았다. 도대체 그 슬픔의 연유가 무엇일까?

삶의 가장 큰 경이로움은 생성과 파멸의 현장에 관여하는 것이다. 불은 파괴와 소멸을 상징한다. 불의 위엄은 행위나 작용에 관여할 수 없으므로 무력감을 안겨준다는 데 그 특징이 있다. 불을 구경한다는 것은 주인공으로 중심에 위치하기는커녕 엑스트라도 되지 못한 채 수수방관할 수밖에 없음을 뜻한다. 결정적인 그 무엇이 진행되고 있는데도 참여할 수 없다는 절망감. 드라마틱한 역사의 현장에 입회하고 있으면서도 속수무책으로 소외된 박탈감, 뭐 그런 것이 아니었을까? 내가 진정 잃어버렸다고 믿은 것은….

섬島의 미로

    여의도汝矣島 소재 은행에서 처리할 일이 있었다. 전화로 위치를 확인해 쉽게 찾을 수 있으리라 생각했지만 그렇지 않았다. 반듯한 도로를 따라 비슷비슷한 고층건물들이 위압적으로 늘어서 있다. 방향을 바꾸어 다른 길로 접어들어도, 그 길을 빠져나와 또 다른 길로 접어들어도 형편은 나아지지 않았다. 닮은꼴 빌딩들이 고집스레 군집해 있다. A은행, B증권, C신탁, D저축, E개발….

    점심 무렵이어서인지 빌딩 출구로부터 인식표를 달고 드레스 셔츠를 입은 남자들과 단정한 원피스 제복을 입은 여자들이 묶음으로 쏟아져 나온다. 귓전에 날아 앉는 쾌활한 소성笑聲. 나도 정작 그들 중 한 명이었던 적이 있었다. 고개를 갸웃하며 길옆으로 물러선다. 발이 헛짚인다. 도로가 꺼진다. 블록버스터 SF 영화에서처럼 건물들이 겹치고 엇갈리며 주저앉는다.

내게도 삶이 깃발처럼 나부끼던 시절이 있었다. 그럼에도 마음 한구석에 채워지지 않은 목마름이 가시지 않았다. 청춘과 장년을 바친 직장생활을 폄하하는 것은 불편한 일일 터이다. 하지만 그 무렵은 정신적으로는 황폐한 불모의 시기였던 것 같다. 회사에서의 승진과 경력 추구가 유일하고 가장 큰 관심사였으니까. 생각 없이 지내는 무위無爲의 편리함에 오랜 기간 길들어 있었던 듯하다.

어느 날 밤늦게 집으로 향하는 버스 안에서였다. 흔들리며 자다 깨다를 반복하는데 차창에 낯선 얼굴이 보였다. 저 수상한 존재가 누구인가? 그것은 세속적이고 물질적인 것을 좇느라 분식된 삶을 살아온 중년 사내의 모습이었다. 차창에 비친 자화상은 나를 되돌아보게 한 단초가 되었다. 그 후 회사를 그만두고 글을 쓰기 시작했다. 참다운 나를 찾기 위해 떠나는 대책 없는 여정이랄까, 아니면 모험? 모험을 시도하지 않는 것도 모험이므로?

이면도로로 접어들어도 상황은 나아지지 않는다. 레고 블록처럼 규격화된 조형造形의 거리를 사람들은 공중부양 궤도에 들어선 장난감처럼 떠간다. 그곳이 그곳인 것만 같은 빌딩 숲의 소로에 들어선 나는 자본과 금융의 개활지에서 길을 잃고 초등학교 저학년 미아가 된다. 애니메이션에 나오는 캐릭터 로봇으로 변한 내가 미니어처 두더지처럼 힘겹게 숨어든 곳은 편의점이다.

점원에게 찾는 은행의 위치를 물으니 잘 모르겠다고 한다. 음료로 목을 축이며 밖으로 나와 숨을 고른다. 큰 빌딩 사이로 작은 빌딩들이 저마다의 간판을 달고 시위한다. 식당, 약국, 제과점, 헤어숍, 음악학원, 공인중개사무소…. 사람들이 오가고 장사치가 호객을 한다. 구급차가 경적을 울리며 길을 헤친다. 버스가 기우뚱 전용차선으로 접어들고 택시가 길가로 주춤주춤 모여든다. 나는 이 모든 것을 관찰하지만 뜻을 파악할 수가 없다. 사물과 대상에 대하여 투명하지만 의미에 대해서는 모호하다. '기표記標가 기의記意에서 미끄러져 내리듯.'

아무래도 길을, "못 찾겠다 꾀꼬리 꾀꼬리. 나는 언제나 술래." 전화를 걸어 위치를 다시 확인한다. 휴대폰을 닫고 모퉁이를 도는 순간 가만, 거짓말처럼 찾던 건물이 나타난다. 일시에 맥이 풀린다. 은행 건물 뒤쪽을 헤맨 것이다. 그곳에서 몇 차례나 더 나아가지 않고 돌아서곤 했다. 은행 업

무는 오래 걸리지 않았다. 문을 나서는 나의 귓전에 대출 상담직원의 건조한 목소리가 맴돈다.

"고객님, 죄송합니다. 그 조건으론 진행이 힘들 것 같군요."

뒤돌아본 빌딩 창이 햇빛을 받아 희게 반짝인다. 현기증이 나며 무엇이든 붙잡고 싶어진다. 일순 음이 소거되며 보이지 않는 촘촘한 그물망에 갇힌 기분이다. 어린 시절 마른 번개가 치며 친숙했던 주위 사물이 일순 생경하게 드러날 때 백색의 공포를 느낀 적이 있다. 그때 잠깐 피안彼岸, 세상의 저편을 보았던 것 같기도 하다. 지금껏 알고 지낸 세계가 사실은 허구이고 그곳에 조야한 부품으로 참여해온 나를 다른 별에서 온 또 다른 내가 관찰하고 있는 것은 아닐까?

그런데 참으로 이상하다. 걱정하고 불안해하면서도 때로 삶에서 비껴나 일부러라도 길을 잃고 헤매고 싶은 생각이 드는 것이. 그런 상황에 놓인 나를 보며 은근히 즐기고 싶은 것인지도 모른다. 아니면 그 사실조차 잊은 채 자신의 무력함을 변호하거나 합리화하면서 소소한 즐거움을 느끼고 있는 것인지? 그도 아니라면 방황 속에서 위안을 찾고 존재의 근거를 찾으려 하는지도 알 수 없다.

그리스 신화에 크레타섬의 미궁迷宮 라비린토스에 사는 미노타우로스 이야기가 나온다. 황소 머리와 인간의 몸을 가진 괴인은 그곳에서 어떻게 살았을까? 그가 사는 터전, 그가 사는 곳에서 그는 굳이 길을 찾을 필요가 없었을 것이다. 그는 걷다가 벽에 부딪힐 때마다 뒷걸음질 쳐 시야를 확보했다. 또한 늘 본디 그 자리로 돌아올 것만 생각했다. 그러자 벽이 열리고 돌연 길이 생겨났다. 여의도와 크레타섬. 섬島의 미로!

꿈의 해석

꿈에 대해 그다지 심각하게 생각해본 적은 없었는데 언제부터인가 궁금한 점이 하나 둘 생겨났다. 그중에서도 알고 싶은 것은 왜 꿈의 내용이 얼토당토않을 뿐더러 꿈속에서 곤란함을 겪다 깨어나곤 하는 것일까 하는 점이다. 프로이트의 해석을 빌리면 "꿈은 잠재의식의 표출이요, 무의식의 힘을 빌려 억눌렀던 욕망을 달성하는 것"이라는데 왜 나는 항상 허무맹랑한 일을 겪는 것이고, 나의 기도는 항상 실패로 끝나는 것일까?

이를테면, 나는 왜 만년 대학 4학년생으로 머문 채 취직원서를 내지 못해 낙심하는 것인지? 반듯하게 주차해 놓은 차를 찾지 못하고 왜 헤매는지도 알 수 없다. 제대한 지 수십 년이 지난 지금 영장을 받고 당혹해하는 것은 어떻게 설명해야 할까. 한 번도 와보지 못한 곳에 왜 홀로 서 있는지도 모르겠으며, 꿈에서 깨어나면 그곳에 언젠가 와본 적이 있는 듯 기시감이 드는 것은 더욱 수상스럽다. 게다가 내가 무엇을 잘못했다고 굴비두름처럼 엮이어 끌려가는 것인지. 광야나 벌판을 걷고 싶긴 하다. 그렇더라도 그런 식으로는 아니었다. 모세처럼 일단의 무리를 이끌고 향도嚮導하는 것이라면 몰라도.

왜 이런 유의 터무니없는 꿈을 꾸는지 전혀 깜냥이 잡히지 않는 것도 아니다. 내 자신에 대해 마뜩잖게 느끼는 자의식이 꿈에 작용하는 것일 터이다. 아니면 현재의 여건에 대한 불만스러움 때문일까. 돌이켜보아도 그다지 성공적인 삶은 아니었다. 어린 시절 아픈 기억의 상처들로부터 아직도 자유롭지 않다. 치기 어리고 남루한 청춘을 보냈으며, 남들처럼 그렁저렁 결혼하여 아이를 두었다. 그러저러한 직장생활을 보내고 이제는 은퇴하여 시나브로 노년의 문턱을 갸웃거리고 있다. 누구나 그렇지 않겠느냐고 자위해보아도 마음이 편치만은 않다. 별처럼 반짝여야 했을 내 삶은 도대체 어디서부터 어긋나기 시작한 것일까?

어쩌면 악몽의 깊은 내력은, 자신에 대한 자괴의 마음이나 일상의 삶에 억압적으로 작용하는 환경 요인보다 더 본질적이고 보편적이며 형이상학적인 데서 찾아야 할 터이다. 즉, 인간존재의 불완전성과 유한함에 기인하는지도 모른다. 누구라 해서 모든 것을 이루었고 후회 없는 삶을 살아왔다고 자부할 것인가. 그러한들 어찌 한 줌의 회의도 없을 것이며, 도대체 그러한 삶이 가능하기나 할까. 일상의 틈 사이로 언뜻언뜻 헤집고 들어오는 저 막막함과 허허로움의 정체는 도대체 무엇인가. 하이데거가 말하듯 의도하지 않은 곳에 갑자기 던져져 모든 것의 소멸인 죽음으로 향하는 과정에 놓인 존재가 인간인 때문인가.

실존주의 문학의 선구자로 평가받는 카프카(Franz Kafka · 1883~1924)의 통찰과 혜안도 놀랍다. 카프카는 부조리한 세상을 통과해야 하는 인간존재의 숙명적 불안을 되풀이해 증언한다. 그의 소설 속 주인공들은 어느 날 갑자기 밑도 끝도 없는 이해불능의 상황과 조우한다. 영문도 모르고 체포되거나(《소송》), 그 자신을 위해 열어놓은 출입문으로 들어가지 못한 채 죽음을 맞거나(《법 앞에서》), 밀서를 전하려는 사자가 궁궐을 떠나지 못하거나(《황제의 전갈》), 아프지도 않은 환자를 치료하러 길을 떠나거나(《시골의사》), 약속한 사람들끼리 약속 장소를 왕복하며 엇갈린다(《일상의 당혹》).

두서없는 꿈의 내용에 대해 과도한 의미를 부여하는 것보다 꿈의 효능에 대해 긍정적이고 전향적으로 해석하는 편이 바람직하지 않을까 하는 생각도 든다. 가설을 세워보자. 꿈을 꾸는 것은 우리 몸 최고의 감각중추인 뇌의 대뇌피질 중에서도 컨트롤 타워 역할을 하는 어느 영역이 몸의 주인에 대해 우정 어린 경고를 보내는 것일 수 있다. 그런 어처구니 없는 일은 보관할 필요가 없는 스팸 메일들로서 일상의 찌든 때, 욕망의 파편, 추억의 껍데기일 뿐이라는 것을 일깨우려는 것일는지도 모른다. 그런 일들은 결코 현실에서 일어나지 않는다고. 어두운 기억의 터널로부터 헤어나 어서 건강한 일상으로 복귀하라는 메시지를 계속 띄워 보내는 것일는지도.

한편 비슷한 꿈을 자주, 그것도 되풀이해서 꾸는 것은 정보의 배출이 전달체계의 병목현상으로 인해 정체되는 현상으로 이해할 수 있다. 왜 이같은 불균형이 생겨나는 것일까? 아마도 의식의 하부조직인 억압된 무의식이 전달하려는 첩보가 상급기관인 의식의 분석과 검열을 통과하려 대기하는 때문이 아닐까. 의식은 무의식을 내포하는 포괄개념이지만 무의식을 견제하는 상위계층이기도 하다. 그렇다면 꿈을 꾸는 현상은 우리 뇌 속의 국정상황실이 잘 가동되고 있으며 경보체계가 잘 작동되고 있다는 뜻이기도 하다. 기억의 원만

한 신진대사를 통해 몸의 주인은 건강을 유지한다.

어떻든 꿈은 꿈이다. 굳이 확대해석하거나 그에 의존하여 일상의 삶을 영위할 필요까지는 없을 것이다. 그렇더라도 최근에 꾼 꿈은 자못 의아스럽다. 회원으로 활동하고 있는 언론인 단체에서 주관하는 모임이 있었다. 부부동반 참석 예정이었는데 나는 마침 다른 일로 외출 중이었다. 아내에게서 약속 장소가 어디냐고 묻는 전화가 왔다. 그러고 보니 나도 그곳이 어디인지 모르고 있었다. 도심 번화가에 있는 '뱅커스클럽'인가 어디일 텐데, 확실치 않으니 확인 후 알려주마고 했다. 나는 회원 한 사람에게 전화해 그곳의 지리를 물었다. 그가 이제야 그런 전화를 하느냐고 황당해했다. 그렇지 않아도 모두 모여 아직 도착하지 않은 우리를 걱정하며 기다리고 있다고 한다. 그런데 그곳이 어디인지 그들도 잘 모르겠다는 것이다.

서점에서

1997년은 특별한 해였다. '이러다 나라가 어떻게 되는 거 아냐?' 걱정하는 사이 나라 곳곳이 무너져 내렸고, 사람들은 돌림병 같은 집단 우울증에 걸렸다. 은행과 기업이 주저앉고, 실업자들이 시위군중처럼 거리로 쏟아져 나왔다. 나 역시 그 무리에 섞였다. 그로부터 몇 년이 지나며 '하루 못 벌어 하루 못 먹는' 생활이 계속됐다. 아침에 일어나 담배를 피우면 갑자기 할 일이 없어져 곤혹스러웠다. 그러다 꾀를 내었다. 목적지에 상관없이 아무 지하철이든 타고 끝까지 갔다가 사부작사부작 되짚어 돌아온다든지 하는 일이 주요 일과였다.

그날은 특별한 일이 있었다. 광화문에 있는 랜드마크 큰 서점에 들른 것은 책을 사려 함이 아니었다. 그곳에서 친구와 약속이 있었다. 친구는 거처인 사우나에서 그 서점으로 매일 출근하여 아예 살다시피하는 터였다. 친구는 우리나라에서 으뜸으로 치는 명문대 명문학과를 나왔다. 그의 친구 중에는 전, 현직 장·차관이 여럿이었고, 함께 하숙을 한 사람도 있었다. 그런 사람들과 비교하자면 그는 잘못 풀린 경우라 하겠지만 잘나가던 시절이 없었던 것은 아니다.

친구는 누구나 알만한 대기업의 자금 담당 임원으로 일했다. 동료, 선·후배인 시중 은행장들과 무시로 만나며 호형호제 정을 나누었다. 그러던 중 경영진의 비자금 조성 사건에 연루돼 옷을 벗은 후, '몇 단계'의 '다단계' 판매회사를 전전하더니 오갈 데 없는 신세가 되었다. 아파트 몇 채를 처분하고도 막판에 작은 연립주택을 소유했으니 집이 아예 없는 것은 아니었다. 하지만 아내가 눈치를 주고 아이들이 동조하는 통에 떨어져 나와 사우나에서 일 년 열두 달째 살고 있다. 실은 그의 사우나 행에 나의 조언도 한몫을 했다.

주위를 휘둘러본다. 서가를 훑는 사람, 이리저리 오가는 사람, 주저앉아 책을 보는 사람, 서가에 기댄 채 생각에 잠긴 사람, 그들 사이로 오가는 책을 실은 카트, 제복을 입은 직원들, 안내카운터에서 차례를 기다리는 사람들로 저잣거리처럼 붐빈다. 내 주위로 검은 안경을 쓰고 빈티지 갈색 가죽가방을 든 여인이 지나친다. 혹 내가 아는 사람일까? 단정한 얼굴이지만 근엄한 표정이어서 대학 어문학과 강사처럼 여겨진다. 나 역시 한때 학문과 예술에 뜻을 두었건만.

먼저 찾은 곳은 문학서적 코너였다. 대학시절 가깝게 지내던 친구들이 있었다. 토마스 만과 헤르만 헤세, 그리고 카프카. 토마스 만이 베니스에서 만난 미소년 타지오를 데리고 마魔의 산을 오르며 말을 건넨다. "우리의 삶은 예술가적 기질과 소시민성의 길항대립이란다." 헤세는 싱클레어의 입을 빌어 혼잣말을 한다. "나는 항상 나를 향한 길 위에 서 있었다. 그런데 내가 나에게 이르는 것이 왜 그다지도 어렵단 말인가?" 어둠속에 서 있던 바세도우씨 병에 걸린 듯한 퀭한 눈의 사내가 주빗주빗 의아해한다. "그레고르 잠자가 어느 날 아침 불안한 꿈에서 깨어났을 때 한 마리 흉측한 벌레로 변해 있었다."

옆 코너의 책을 빼들었다. 명작 오페라와 프리마 돈나를 소개한 책으로 인물 사진과 공연 사진을 곁들였다. 책장을 넘김에 따라 여신들이 저마다의 자태를 뽐내며 나를 환영했다. 두 손을 벌린다거나 바닥에서 몸부림치며. 마리아 칼라스, 레나타 테발디, 엘리자베스 슈바르츠코프, 몽세라 카바

예, 줄리에타 시묘나토. '노래에 살고 사랑에 살고' '내 이름은 미미' '어떤 갠 날' '지난날이여 안녕.' 〈마술 피리〉에 나오는 밤의 여왕은 가슴을 부여잡고 광란의 아리아를 불렀다.

다음은 영화배우 차례였다. 청바지에 한 손을 찌른 제임스 딘이 담배를 문 채 삐딱하게 쳐다보고, 게리 쿠퍼는 처진 어깨를 한 채 적과 싸울 동조자를 구하러 텅 빈 마을 거리를 걷는다. 험프리 보가트는 안개 낀 공항에서 잉그리드 버그만을 떠나보내며 "그대 눈동자에 건배!" 읊조리고, 비비안 리는 어슴푸레한 하늘을 올려다보며 절규한다. "내일은 내일의 해가 뜬다." 클린트 이스트우드는 권태와 허무에 찌든 입을 들썩여 악당들을 훈계한다. "너희들이 나를 비웃는 것은 괜찮아. 근데 내 노새가 참을 수 없다는군. 그러니까 너희들은 곧 죽어, 그것도 지금 당장!"

얼굴 주위로 날벌레가 날아다니듯 가렵고 화끈거렸다. 마음에 두고 사모하던 이들과 재회의 기쁨을 나누노라니 맥이 풀렸다. 잠깐 황홀경을 경험한 것인지도 모르겠다. 주위를 둘러보니 무심한 사람들뿐. 책장에 비스듬히 기댄 채 책을 뒤적이거나, 책장을 들추며 메모를 한다거나, 엎드린 자세로, 배추 걸이처럼 포개어 책을 읽는 사람도 있다. 슬픔이랄까 한 자락 회환이 좁은 통로 사이를 헤집고 들어왔다. 왜 나는 마음속 우상들을 유기한 채 떠나왔단 말이냐? 그들이 나를 저버린 것이 아니라 내가 그들로부터 떠나온 것이다.

돌이켜 보면 나의 삶은 자부심과 크고 작은 복합심리의 병행 서술이었거나 흩뿌림이었던 듯하다. 가난과 부끄러움은 나를 규정한 징표이자 코드였다. 그에 더해 정신과 육체의 부조화로 점철된 내세울 것 없는 일상이었다. 그렇다 해도 그때는 인식에 대한 충동으로 머리가 터질 것 같고, 한사코 정신을 육체 위에 두려 했던 시절이었다. 육체적 배고픔보다 지적인 굶주림에 허기지고 목말라 했던 시절. 무지개를 보면 마음이 뛰놀고 저 산 너머 행복이 산다고 믿었던 시절.

자리를 옮길까 하는데 누가 내 어깨를 쳤다. 희미한 물이끼 냄새가 끼쳐 왔다. 비누 냄새도 섞였다. 그가 온 것이다. 사우나장을 집 삼아 지내며 서점으로 출근하는 친구가. 물을 끼고 사는 친구여서인지 그에게서는 늘 물 냄새가 난다. 오늘 밤은 사우나에서 친구와 함께 시든 이야기꽃을 피울 것이다. 이 탕에서 저 탕으로 옮겨 가며. 약수탕, 꽃잎탕, VIP탕….

이상한 학생

매년 3월 초 되면 마음이 설렙니다. 봄과 더불어 새 학기가 시작되는 때문이죠. 딱히 내세울 것도 없는 대학 생활이 오롯이 펼쳐지며 그리움으로 다가오는 것이 이상합니다. 자의식은 과잉되고 경제적으로도 여유가 없었으며 채워지지 않는 지적 욕구와 배고픔에 항상 시달린 남루한 청춘이었는데도.

1960년대 후반 어느 해. 나는 여느 학생처럼 등·하교는 하였지만 학생이라고 말할 수 없는 특이한 신분이었죠. 강의를 입맛대로 골라 들었는데 누가 나서서 제지하거나 하지 않았어요. 그 시절 학사일정 관리가 허술해서 제도적으로 수강을 제한하거나 출결을 강제하는 절차가 있는 것이 아니었거든요. 아침 강의에라도 늦을라치면 게으름 핀 학생들은 걸음을 빨리해 교정을 가로지르기 마련이었지만 나는 그런 조급함과는 거리가 멀었죠. 부산한 교정 풍경을 즐기며 느릿느릿 걸음을 옮기곤 했습니다. 가끔 한눈팔지 않고 바쁜 걸음으로 강의실을 찾는 동료들을 보면 문득 소외감이 들며 부럽기도 했지만.

본관 석조 건물 2층에 있는 학과장실에 들러 교수님께 인사를 드리자 과장 선생님이 "굿텐 모르겐, 헤어Herr 김!" 하며 미소를 띤 채 맞아주셨더랬지요. 난 골치 아픈 (삼선개헌 반대) 시위에 가담한다거나 하지 않은, 교수님이 좋아하실 타입의 '양순한 청년'이었어요. 이어 딴 교수님이 웃으시며 안부를 묻는 말씀. '비 게스?'(Wie geht' s? 요즘 어때?) 교재로 사용되는 프린트물을 준비하는 등 일을 돕다 점심때가 되면 교수님들을 따라 학생식당과는 격이 다른 교수식당에 가서 대학원생이나 조교처럼 교수님 말씀을 경청하며 돼지비계가 듬뿍 들어간 황홀한 점심을 들고 있을 것입니다.

교수실과 연결된 쪽문을 밀고 들어섰습니다. 그곳은 나의 홈베이스인데 교수실과 같은 크기로 큰 탁자 두 개가 연결돼 있고 불편한 의자가 드문드문 놓여 있는 방, 이름하여 '세미나룸'이었습니다. 명칭이 그렇지 무슨 세미나가 열린 적은 없고 학년별 소규모 모임이나 휴게실, 때로 여학생들의 탈의실로 사용되는 방이었죠. 난 세미나룸의 실장이었습니다.

세미나룸 실장이 공식적인 직책은 아니고 스스로 지위를 부여하고 그렇게 행세한 것인데 그게 그냥 받아들여졌습니다. 누군가 자진해서 청소 같은 허드레 창고지기 일을 하겠다는데 싫어할 사람이 어디 있으려나요. 난 세미나룸에 정말 필요한 존재였습니다. 여학생들이 체육시간을 앞두고 단체로 옷을 갈아입을 때 그녀들은 내게 절대적인 신뢰를 보냈습니다. 난 '지옥문을 지키는 개'처럼 엉버티고 서서 망을 보며 아무러한 사람도 결코 안으로 들여보내지 않았답니다. 글쎄 문지기인 나도 안에서 문을 두드려 신호를 해준 연후에나 들어갈 수 있었다니까요. 아, 그때 문을 열자마자 끼쳐오던 배릿하면서도 풀잎처럼 싱그러운 냄새라니!

학기 초 추위가 가시지 않은 어느 봄날 느꼈던 쓸쓸함을 잊을 수 없습니다. '아래 학생은 학업을 계속할 의사가 없는 것으로 간주해 공고함.' 게시판에 학생처의 '제1학기 제적생 명단' 공고가 나붙었는데, 그 안에 당당히 내 이름이 일필휘지로 적혀 있었죠. 지금에야 취업을 이유로 휴학도 하고 복학과 졸업을 미루기도 하지만 그것은 다른 이야기죠. 나는 학업을 계속할 의사가 없는 것은 아니지만 가정형편이 여의

치 못했고 장학금 수혜 대상자가 될 만큼 공부도 빼어나지 않아 등록을 못한 것이니까요. 그럼에도 특별히 할 일도 없는 데다 향학열에 불타 학사일정과는 관계없이 여느 학생들처럼 내처 학교에 다닌 것이랍니다.

여러 과의 학생이 섞이는 부전공이나 교양과목은 수강하기에 부담이 없지만, 여우도 낯짝이 있지, 서로 아는 처지인 전공과목은 교수님과 동료들 얼굴을 마주한다는 것이 남세스러웠습니다. 평소 친하다고 여긴 친구는 이렇게 말하더군요. "저, 이런 말은 안 하려고 했는데… 오해 말고 들어. 다른 애들이 그러는데 너 말야…." 해서는 안 될 말을 왜 군이 하려드는지. 가을에 접어들며 더 이상 학교에 가기가 멋쩍게 여겨지더군요. 주말을 빼고도 집에 틀어박혀 있는 날이 늘어났습니다. 세미나룸 관리가 걱정이 됐지만 누군가 마땅한 사람이 대신하겠죠. 아님, 뭐 원래부터 주인이 없었으니 군이 내가 걱정할 필요가 있을까보냐.

난 지금도 창窓을 좋아합니다. 창은 자유와 탈출을 뜻하는 상징물이니까요. 학교에 가지 않는 날엔 어둑한 골방에 누워 자신을 여러 조각으로 허물다 꿰맞추기를 되풀이했지요. 내가 무슨 법의학수사관도 아니고 해체된 인체 조각들을 재결합하는 일은 쉽지 않더군요. 블록 몇 개는 갈 곳을 찾지 못해 제멋대로 바닥에 버려졌고 일탈된 블록 조각 개수가 점점 늘어났습니다. 나는 방에 누워 꿈꾸었습니다. 하늘로 열리는 조그만 창窓이 있었으면…. 그해 말 입대했습니다. 일 년여에 걸친 '이상한 학생' 생활을 청산한 것입니다. 나무도 아닌 것이 풀도 아닌 것이! 나는 그때 학생도 조교도 아닌 청강생, 정확히 말하면 도강생盜講生 신분이었다고요.

도돌이표 대화

요즘은 SNS, 유튜브, 숏폼, OTT, LLM, 챗 GPT··· 책을 읽지 않는 시대예요. 책장을 훑어본 건 순전히 우연이었습니다. 생텍쥐페리의 《어린 왕자》에 눈길이 머물더라고요. 어린 왕자는 나무 그루터기가 삐져나온 별 위에 서서, 여전히 작은 칼을 쥐고, 어깨에 별이 달린 초록색 망토를 걸친 채, 나의 무심함을 탓하듯 슬픈 눈으로 쳐다보고 있었습니다. 책장을 넘기며 '사막의 여우' 이야기를 비롯해 보석 같은 예화가 적지 않음을 새삼 깨닫게 되었답니다.

어린 왕자가 찾아 나선 세 번째 행성에는 주정뱅이가 살고 있었죠. 어린 왕자가 묻습니다.

"거기서 뭐해요?"

"술 마시지."

"왜 술을 마셔요?"

"잊으려고."

"무얼 잊으려는 건데요?"

"부끄러움을 잊으려고."

"뭐가 부끄러운데요?"

"술 마시는 게 부끄러워."

어린 왕자의 혼잣말이 이어지는군요.

'어른들은 정말 이상하다니깐.'

얼마 전 내게도 비슷한 일이 있었습니다. 글 쓰는 모임의 뒤풀이 자리에서였어요. 음주 가무와는 담쌓고 지내는 '엄친아' 친구가 적당히 취기 오른 내게 묻는군요.

"술은 왜 마시는데?"

"괴로워서."

"그럼 좀 나아?"

"아냐, 더 힘들어."

"그럼 왜 마시는데?"

"괴로워서."

'술' 대신에 '사랑'으로 바꾸어도 될 법합니다. 이어지는 말도 바꾸어야겠지요.

"사랑은 왜 하니?"

"외로워서."

"그럼 좀 나아?"

"아니 더 외로워."

"그럼 왜 사랑을 하는데?"

"외로워서."

사실 그 말이 그 말입니다. 우리 모두 사랑해 본 경험이 있잖아요. 사랑의 본질이 외로움 아닌가요? 그리고 '외로움'과 '괴로움'은 이웃사촌 아니던가요?

다음과 같은 대화는 또 어떤지요? 결은 좀 다르지만 나이에 관계 없이 사랑하는 사람과의 사이에 오감직한 이야기예요. 되풀이된다는 공통점도 있습니다. 그냥 주변에서, 그러니까 집안에서도 자주 대하는 일상의 일이라고요? 그렇담 배우자도 사랑하는 사람의 범위에 들어가나요?

"왜 그래?"

"아냐. 아무것도."

"그러니까 왜 그러는데?"

"몰라서 물어? 됐어."

"그러니까 왜 그러냐고?"

"몰라도 된다고. 별거 아냐."

"그러니까 도대체 왜 그러느냐고?"

"그딴 얘길 꼭 가르쳐줘야 해?"

"그러니까 도대체 왜 그러느냐고?"

"그걸 꼭 말해야 해?"

최종 버전은?

"아냐. 됐어. 그냥 각자 갈 길 가자고."

　낯설면서도 낯익은 '이별의 종착역'이 눈에 들어오네요. 근처에 다다랐다가 돌아오곤 하지만요. "가도 가도 끝이 없는 외로운 이 나그네 길~ 안개 깊은 새벽 나는 떠나간다 이별의 종착역~."

　글의 첫머리에서 요즘이 디지털 시대임을 밝혔지만 지금은 키오스크의 시대이기도 합니다. 찻집에 가도, 빵집에 가도, 김밥집에 가도, 하물며 순댓국집에 가도 키오스크가 떡하니 손님을 맞아요. 이러니 되돌아서서 '청춘극장' 찾는 노인네들 어디 서러워 살겠나요? 플랫폼 벤치에 앉아 졸다 깨다 레트로 완행열차를 기다리고 있는데 낯선 열차가 들어오네요.
은하철도 999 아니고요, 디지털 열차!

모나리자의 개

　사귀던 여자와 결혼 말이 오가며 수순에 따라 여자 부모에게 인사드리게 됐다. 그녀는 마주보고 있어도 자꾸만 아스라하니 멀어지는 느낌의 여자였다. 무언가 알고 있어 반응을 보임 직한데 그만두어버리거나 어쩌다 대꾸를 해도 단답형이어서 속내를 가늠하기 힘들었다. 그러니까 '모나리자'를 닮은 여자라고나 할까.

　레오나르도 다빈치가 누구를 모델로 해서 모나리자를 그린 것인지는 정확히 알려지지 않았다. 친분 있는 귀족 부인일까? 아니면 이종사촌이거나, 친구의 부인? 그림 속 여인이 눈썹이 없어 나병환자라는 말도 있다. 양성애자인 다빈치의 자화상이라는 설도 있지만 확실치 않다. 그러고 보니 다빈치와 모나리자는 두상과 코 부분이 닮은 듯도 하다.

모나리자의 신비한 점은 흐릿한 미소가 보는 이의 기분에 느낌이 다르다는 것이다. '스푸마토Sfumato' 기법으로 입 가장자리와 눈 주위 윤곽선을 질료를 옅게 덧발라 애매하게 처리한 때문이다. 모나리자는 입을 보면 웃고 있지만 눈을 보면 미소가 사라진다. 그림 뒤에 석연치 않은 스토리가 진행되고 있을 법한데 여인은 말이 없다. 실어증에 걸린 것일까? 애초에 존재하지 않은 여인일지도 모른다.

사귀던 여자의 집은 어느 소도시 외곽에 위치한 비교적 부유한 농가였는데, 대문을 들어서자마자 분위기가 심상치 않았다. 보초를 서던 큰 검정 개가 낯선 사람의 침입을 구두겅고 했고, 닭 떼는 놀라 담장 위로 날아올랐으며, 오리는 새끼 무리를 이끌고 총총 마당을 가로질러 피신했다. 염소 한 마리도 있었는데, 종이를 씹으며 무심히 쳐다보는 품새가 침묵으로 견제하는 듯. 안방으로 들어가 여자 부모에게 넙죽 엎드려 절을 했다. 여자는 나와 팀을 이루어 조신하게 옆에 앉았다. 장인(될 사람)이 한껏 부드러운 목소리로 입을 열었다. "원로에 고생이 많체?", "하면, 양친은 살아 계시고?", "뼁기(비행기) 회사에 다닌담시로?" 등등. 여기까지는 익숙한 레퍼토리로 별 하자 없이 진행되었다. 갑자기 어르신의 목소리가 낮아지면서 은근한 목소리로 이렇게 물어보기 전까지는.

"개 혀?"

나는 처음에 무슨 말인지 못 알아들어 일시지간 멍하니 있었다. 장인 영감의 흐릿했던 눈동자에 이채異彩가 도는가 싶었다. "아따, 이사람! 멀 그래 쌌는가, 이무런 사이에. 거시기, 컹컹 짖는 개 말이여. '탕湯' 좋아혀? '통개' 좋아혀?" 이야기가 이렇게 진행되어서는 안 되었다. 나는 결혼 성사 여부를 판가름할 절체절명의 순간에 맞닥뜨렸음을 본능적으로 느꼈다. 2, 3초 간 난국 타개를 위해 필사적으로 머리를 굴렸다. 아무래도 대문간에 엎어져 있는 큰 개를 통째로 먹을 순 없었다. 그 개가 나를 먹는다면 또 몰라도.

"전 개뿐 아니라 혐오 식품은 일절 안 먹습니다. 뱀, 잉어, 가물치, 흑염소…." 몇 초간 괴이한 침묵이 흐른 뒤 장인이 탄식하며 입을 열었다. "그 좋은 개를 안 묵어? 별일이시. 이 사람 큰일 낼 사람이구망!" 그러자 장모(될 사람)가 심드렁한 목소리로 참견했다. "워쩔려고 그려? 앞길이 창창한 사람이."

장인은 어지간히 답답한 모양이었다. 동지를 만나 신이 난 것 같기도 했다. "여기서 문제가 생겨뿌렀구망. 나으 말은 모름지기 사내란 심을 써야 할 때면 심을 써야 하는디 워찌코롬 심을 쓸 것이냐 하는 것이제. 나으 말은." 나는 일이 잘 못되어가고 있음을 직감했으나 그저 침묵하는 수밖에 없었다. 장모가 서둘러 결론을 지었다. 마치 그것은 어느 누구의 일도 아니라는 듯이. 아니면 우리 모두의 잘못이거나. "사는 것이 순탄치만은 않혀!" 그 후 몇 마디 더 얘기가 오간 것 같은데 내용은 잘 기억나지 않는다. 졸지에 개 안 먹는 죄 아닌 죄로 '큰일 낼 사람', '문제아' 내지는 '삶이 순탄치 않을 사람'이 되어 버린 나는 정신을 저당 잡힌 사람처럼 마당을 가로질러 대문을 나섰다. 경황없음에도 염소가 밉살스럽게 쳐다보며 우물우물 씹는 것을 들었다. "긍께 나가 잘하라고 안 그러더냐!" 여자는 시외버스 정류장까지 나를 배웅하고 돌아섰다. 원래 말수가 적은 그녀는 우는 듯 웃는 듯 더더욱 말이 없었다. 가끔 한숨을 내쉬기도 했는데 무언가 골똘히 생각에 잠겨있는 듯도 했다. 본디 여자에게 생각할 거리를 주어선 안 된다. 원래 여자가 깊은 생각에 잠겨 있으면 관계는 종말을 향해 치달아 가는 것이다.

잠이 들다 얼핏 깨었나 보다. 차창에 희미하게 웃고 있는 그녀 얼굴이 보였다. 어디서 본 듯한 또 다른 얼굴이 허깨비처럼 그녀 얼굴과 겹쳐 흔들렸다. 모나리자! 그때, 나는 알

앉다. 모나리자가 웃고 있는 것이 아니라는 것을. 그런데, 참으로 웃기지도 않는(그러니까 무지 웃기는) 일은, 그 후로 내 인생이 꼬이고, 개 같지도 않게(그러니까 너무나 개같이) 순탄치 않은 삶을 살게 되었다는 것인데….

나의 청춘靑春 데미안

"싱클레어, 꼬마. 아직 프란츠 크로머 생각하니?"

나는 대답 대신 그에게 눈을 깜박이면서 웃어보였다.

"알겠니, 싱클레어! 내 말 잘 들어! 나는 가야만 한다. 너도 언젠가 다시 내가 필요하게 될 거야. 크로머나 그 밖의 다른 일로 해서. 그때는 네가 나를 불러도 지금까지처럼 말을 타거나 기차를 타고 그렇게 와줄 수는 없어. 그 때엔 너 자신의 목소리에 귀를 기울여야 해. 그러면 네 마음속에 내가 있다는 것을 알게 될 거야."*

헤르만 헤세(1877~1962)의 《데미안Demian》에 나오는 마지막 부분 대화입니다. 1차 세계대전의 발발로 참전한 싱클레어Sinclair가 농가 야전병원에서 부상한 데미안과 조우한 후 이별하는 장면이지요. 데미안은 싱클레어의 동료이자 스승, 화신이니 두 사람은 '카인의 표지'(Kains Abzeichen·同類를 뜻함)를 가졌지요.

그들이 해후하는 시간적 배경이 소설에서는 이른 봄으로 나오지만, 왠지 그들의 만남과 애틋한 이별을 떠올리면 11월, 늦가을의 어느 날인 것처럼 여겨집니다. 아마 헤세가 거의 전 작품을 통하여 추구한 테마가 "내면의 응시를 통한 자신에의 도달"이고, 침묵하는 늦가을이야말로 이러한 분위기에 걸맞은 정조의 계절인 때문이 아닐까 생각해 봅니다.

몽환적이고 우울하며 때로 찬연한 이미지가 가득 찬 소설의 주제는 헤세의 다른 작품들과 마찬가지로 "자기에로의 길 위에 서 있는 인간Der Mensch auf Dem Weg nach Sich Selbst, A Man on the Way to His True-self"입니다. 데미안에서의 마지막 장면은 싱클레어가 자기실현을 위한 실마리에 다가간 것을 암시하며 데미안의 죽음으로 완성됩니다.

데미안은 싱클레어를 화자로 한 성장소설Bildungsroman입니다. 데미안과 싱클레어의 만남→ 소녀 베아트리체에 대한 연모→ 음악가 파스토리우스와의 교우→ 아프락사스Abraxas에의 경도→ 데미안의 어머니인 에바Eva 부인의 출현→ 세계대전의 발발→ 데미안과의 마지막 만남과 이별의 순서로 서사가 진행되지요. 각 대목의 이야기가 상징적으로 전개되며 전편에 사색, 관조, 응시, 방황, 구도적인 분위기가 짙게 깔려 있습니다. 대사나 내레이션이 선문답을 주고받듯 신비하며 철학적 수필을 읽는 듯합니다.

그중에서도 가장 함축적인 에피소드는 거대한 새가 꿈속에서 알을 깨고 나와 아프락사스라는 신神에게로 날아가는 이야기입니다. 아프락사스는 신적인 것과 악마적인 것, 여성성과 남성성, 윤리적인 경건함과 탐미적인 관능, 기독교적인 것과 이교도적인 것 등 양립하기 어려운 두 개의 과제를 결합하고 수행하는 신입니다. 인간의 내면에 존재하는 두 개의 혼魂, 어두운 심연과 밝고 빛나는 양지를 동시에 상징하기도 하죠. 이러한 관점에서 지성과 관능, 부성父性과 모성母性을 함께 지닌 에바 부인은 양극성兩極性을 통합한 존재의 상징, 다름 아닌 아프락사스의 현신現身으로 읽힙니다.

또 다른 인상 깊은 이야기는 에바 부인이 싱클레어에게 들려준, 별을 따려 한 젊은이의 이야기입니다. 청년은 사랑하는 여자를 위해 별을 따려다 마지막 순간에 회의, 실족사합니다. 여기서 중요한 것은, "젊은이가 마지막 순간까지 별을 딸 수 있으리라 믿었더라면 별을 딸 수 있었으리라는" 것입니다. '믿음'의 본질에 대해 말한 것이라고 얼핏 여겨지지만,

에바 부인은 혹 '순수純粹'에 대해 이야기하려 한 것이 아닐는지? 무엇을 바라고 구할 때는 한 점의 의심도 없어야 한다는 것이지요. 단순히 깨끗한 그 무엇이 아니라 섞임이 없고 전심전력으로 바라는 마음이야말로 '순수'의 속성이요, 정체가 아닐까?

그런데 헤세가 《데미안》에서, 그리고 그밖의 다른 성장 소설을 통해 도달하려 하였던 '참다운 나'의 경지는 어떠한 것이며, 그것에 도달하는 구체적인 방법은 무엇일까요? 이에 대한 딱 부러진 헤세의 대답은 없습니다. 단지 '노상路上의 인간'이 걷는 주변의 풍경과 그의 마음에 스치는 심상心像만을 스케치하거나 함축적으로 묘사합니다. 자신을 이끄는 것은 자신뿐이라는 메시지를 전해 준 셈이지요.

"문학의 목적은 해답과 열쇠를 주는 것이 아니라 문제를 부단히 개진할 뿐"이라는 헤세의 입장에 대해 역사성이나 사회성이 결여되었다고 폄하하는 비평가도 있습니다. 그의 소설이 전후 독일과 유럽의 피폐해진 젊은이들을 사로잡고 큰 위안을 주었음을 상기하면 아이러니합니다. 사실 여러 회의가 들기도 합니다. '자아의 성찰'이 가치의 몰락, 인간성의 상실, 전쟁으로 인한 후유증 등 외부세계와의 긴장을 해소하는 대안이 될 수 있을 것인가? 자신에의 침잠은 수동적인 도피행위가 아닐까? 더불어 사는 이웃에 대한 나의 책임은 또 어떻게 되는 것인가? 과연 참 자아眞我란 무엇일까? 그보다, 자신에 도달하는 일이 도대체 가능하기나 한 것일까?

그렇다 해도 헤세의 소설들, 그중에서도 데미안은 그 시절 젊은이들에게 폭풍과 같은 영향을 끼쳤습니다. 젊은 시절 '자신에의 도달'은 나를 사로잡은 큰 과제였지요. 그것은 지금도 그러하며, 나는 아직도 자신을 향한 입구에서 서성이고만 있습니다. 데미안은 싱클레어에게처럼 내게도 친구이자, 스승, 또 다른 자아였답니다. 나의 청춘靑春 데미안!

클레멘타인이 바닷가에 살지 않는다고?

동네 제과점을 들를 때마다 애상적인 멜로디가 귓바퀴에 날아와 앉는다. 어릴 적 즐겨 부르던 동요인 '클레멘타인'을 빵집에서 차임벨로 쓰는 것이다. 삽상하면서도 서글픈 실로폰 멜로디는 시간을 뛰어넘어 나를 철 지난 유년의 바닷가에 데려다 놓는다.

"넓고 넓은 바닷가에 오막살이 집 한 채~ 고기 잡는 아버지와 철모르는 딸 있네~."

여름방학을 맞아 일가친척들과 함께 단체로 승합차를 빌려 바닷가에 간 적이 있다. 목적지는 고향에서 그다지 멀지 않은 만성리 해수욕장이었다. 초등학교 저학년이었던 나는 여행 가는 내내 들떠 있었다. 나름 목적이 있었던 때문인데,

이 기회에 노래에 나오는 클레멘타인을 찾아보기로 한 것이다.

클레멘타인의 나이가 몇 살쯤 되었을까? 어머니는 노래에 나오지 않으니 아마도 일찍 돌아가신 모양이다. 아버지 혼자 외딴집에 소녀를 데리고 사는 걸로 보아 갓난아이는 아니겠지. 젖동냥을 할 수 없을 테니까 말이다. 학교 갈 적령기도 아닌 듯하다. 면 소재지나 읍내가 아닌 바닷가에 사는 걸로 봐서. 그렇다면 나보다 두어 살 어린 5~6살 어림의 중간 나이일 것이다. 그나저나 아버지가 고기 잡으러 나가면 바다가 아무리 아름다워도 하루 이틀도 아니고 심심해서 어떻게 지낼까. 동무도 없고 쓸 만한 장난감도 없을 텐데….

막상 바다에 가보니 그냥 바다였다. 시야가 트이고 시원한 바람에 짭조름한 냄새가 실려 왔지만, 따가운 햇살로 눈이 부시고, 사람들이 왁자지껄 붐비고, 갈매기가 떠다니고, 모래사장이 있고, 검은 몽돌밭이 있으며, 멀리 부표가 반쯤 물에 잠겨 떠 있는. 여기저기 쓰레기가 널려있는 데다 바닷물도 생각보다 맑지 않았다. 물속에는 들어가는 둥 마는 둥 모래성을 쌓다 허물기를 되풀이했다. 실망스러운 것은 외딴 오막살이 집 한 채는커녕 사람이 살 만한 흔적조차 보이지 않는다는 것이었다. 물론 이국 소녀 클레멘타인도 찾지 못했다. 나는 돌아오는 길에 생각했다. 좀 더 큰 후 다시 클레멘타인을 찾아보리라고.

클레멘타인을 다시 찾으리라는 다짐은 나중 헛된 꿈으로 드러났을뿐더러 오히려 '이상한' 사실을 알게 됐다. '클레멘타인이 바닷가에 살지 않는다'는 것이다. 고등학교 음악 시간 때였다. 무심코 클레멘타인 노래를 따라하다 보니 첫머리 가사가 "In a cabin, in a canyon, Excavating for a mine~, Dwelt a miner forty-niner, And his daughter, Clementine~"으로 시작되는 것이 아닌가. 그러니까 클레멘타인은 광부의 딸이었다! 그동안 노래의 번안 가사를 그런가보다 여겨 클레멘타인이 바닷가에 사는 것으로만 믿어 온 것이다.

아니, 클레멘타인이 바닷가에 살지 않고 탄광촌에 산다고? 그렇다면 조금은 억세게 생긴, 검은 탄가루를 뒤집어쓴 소녀일 것이다. 나이도 생각했던 것보다 몇 살 위일 가능성이 크다. 산간벽지에 사는 소녀 클레멘타인의 모습은 아침이면 오리를 몰고 강가로 나가고 정한精悍한 광부들 틈에 끼어 사금파리를 채취하는 씩씩한 이미지로 다가왔다. 나는 적잖이 실망했고 무언가 속은 듯 허탈했다. 나는 나의 유년이 모래알처럼 손가락 사이로 흘러내리는 것을 보았다.

클레멘타인을 다시 만나게 된 것은 대학생 때였다. TV 명화극장에서 〈황야의 결투〉란 흑백 서부영화를 보았다. 원제목이 〈My Darling Clementine〉이었다. 보안관인 와이어트 어프(헨리 폰다)와 동료 의사 닥 할러데이(빅터 맞추어)의 연합 팀 대 악당 클랜튼 패거리 간에 벌어진 서부개척사상 유명한 실제 총격전인 'O. K. 목장의 결투'를 존 포드 감독이 영상에 옮긴 영화다. 결투 결과 닥이 죽는데, 닥의 전 애인으로 닥을 찾으러 도시에서 온 처녀 '클레멘타인(린다 다넬)'이 등장한다.

미치 밀러 합창단이 부르는 주제곡 〈My Darling Clementine〉은 영화 중간중간과 프롤로그, 그리고 엔딩 시퀀스에 흘러나와 영화 분위기에 시적 서정성을 더한다. 마지막 장면은 짙은 여운이 남는다. 친구의 연인인 클레멘타인을 사모하던 와이어트 어프는 마을에 남기로 한 클레멘타인과 '쿨하게' 헤어진다. 서부의 지평선 너머로 사라지기 전 와이어트가 클레멘타인에게 읊조린다. "클레멘타인은 좋은 이름이요 Clementine, I like that name!"

그러면 안 되는데…. 클레멘타인이 분명 아름다운 이름이긴 하지만 나는 그녀가 세련된 도회 출신 처녀로 성장했음을 시리게 인정할 수밖에 없었다. 그렇더라도 내 마음속 클레멘타인의 존재는 어디까지나 바닷가 외진 곳에 늙은 아버지와 함께 사는 대 여섯 살 아이여야 했다. 클레멘타인이 바닷가에 살지 않고 어린 아이도 아니라는 사실을 떠올릴 때마다 '소문'과 '사실'의 상관관계를 생각하곤 했다.

'바람이 전하는 말'이나 으레 그러려니 여겨온 일과 실제 모습 사이에는 차이가 있을 수 있다. 사실이 밝혀졌는데도 떠도는 '소문'이 오히려 힘을 얻는 이상한 일도 있다. 또 '믿음'은 소문으로 가려진 사건 내막의 재구성에 어떤 역할을 하는 지도 궁금하다. 밝혀진 사실이 믿고 싶지 않은 일일 때 사실의 효력이 미치는 범위는 어느 정도인 것일까. 시간이 지나며 소문과 사실, 믿음이 뒤섞여 무엇이 무엇인지 헷갈리기도 한다. 그러고 보면 '진실'은 '소문'과 '사실', 그리고 '믿음'이란 세 꼭짓점을 연결한 도형圖形의 어디쯤에 감춰져 있는지도 모르겠다. 그것은 시간의 흐름 속에 흐릿해 가는 기억의 저 너머에 존재하는 것일까?

클레멘타인과의 이별은 유년의 단절을 의미했다. 나는 유년의 바다를 떠나 날렵하고 험한 도시로 이사를 왔다. 이후 어찌된 셈인지 바다를 멀리서 지나쳤을 뿐 가까이 다가가 본 적은 없다. 바닷가로 가서 다시 클레멘타인을 찾아보리라는 그 옛날의 다짐은 결과적으로 실천하지 못했다. 닿을 수 없는 바다는 대신 언제부터인가 마음속에 들어와 앉았다. 그 바다의 물결은 항상 출렁인다.

클레멘타인의 영어 노래 가사 2절을 보면 가엾은 소녀는 돌부리에 걸려 실족사하는 것으로 나온다. 하지만 클레멘타인은 내 마음 깊은 곳에 영원히 살아 있다. 그뿐 아니라 결코 나이도 먹지 않는다. 비바람 불어 하늘과 바다의 경계가 허물어진 바닷가에 금발머리 어린 소녀가 홀로 서서 울고 있다.

'내 사랑아 내 사랑아 나의 사랑 클레멘타인~ 늙은 아비 혼자 두고 영영 어디 갔느냐~.'

제3부

뻐꾸기 둥지의 새

뻐꾸기 둥지의 새

　'새 한 마리는 동쪽으로, 한 마리는 서쪽으로, 또 다른 한 마리는 뻐꾸기 둥지 위로 날아갔네~.'

　좌우로 늘어선 방들의 생김새가 비슷해 그곳이 그곳인 것 같다. 벽과 벽 사이로 작은 길이 나 있다. 몇 걸음을 채 걷지 않아 또 벽이 나타난다. 녹슨 철문을 밀고 들어서자 간호사가 종이를 내민다. 주민번호를 적는데 얼핏 뒷자리가 기억나지 않는다. 의사가 어떻게 왔느냐고 묻는다. 며칠 전 지하철 화장실에서 전단지에 적힌 전화번호를 보았다. 의사가 고개를 갸웃한다.

　"화장실에서 쪽지를 보았다고요? 그거 참 이상하군요."

의사가 어디가 아픈지 묻고 있다. 내가 오래전부터 병을 앓고 있는 것은 맞다. 남들에게는 별일 아닌 듯 보이지만 당사자에겐 치명적인 마음의 병! 하지만 나는 병을 치료하기 위해서 이곳에 온 것이 아니다. 쪽지에 있는 번호로 전화를 했더니 사무장이라는 남자가 일단 와 보라고 했다.

"사무장과 통화를 하셨다고요? 그것 참…. 실례지만 하시는 일이?"

원래 소설을 쓰려고 했다. 그럴듯한 명분도 준비해두었다. 삶의 비의를 찾고 형적을 더듬어 구원에 이르는 단초를 찾기 위해. 그러나 소설은 한때 문청文靑이었다고 해서, 지금 하는 일이 없다고 해서 쓸 수 있는 것이 아니었다. 눈을 감고 이야기를 듣던 의사가 알만하다는 듯 고개를 주억거린다.

"좋습니다, 선생. 그런데 상황을 개선해 보려는 노력은 안 해 보셨는지요? 다른 일자리를 찾아본다든가 하는?"

퇴직과 그에 따른 생활고, 극단적인 선택에 이르는 과정은 낯설지 않은 구조다. 그 전단계로 인력시장을 찾아본 것도 정해진 수순이었다. 새벽녘 남대문 시장통은 휴지조각, 음료병, 구토물과 바나나 껍질이 널리고 비릿한 냄새가 끼쳐왔다. 고양이 울음소리가 들리자 어둠 곳곳에서 검은 그림자들이 게으른 까마귀 떼처럼 공터로 모여들었다. 그 모임에

끼었다가 토박이 선임들한테 쫓겨났다.

"그러셨군요. 새 일자리 구하기가 쉽지는 않죠. 그 밖에 또 무슨 일이?"

의사가 진료에 도움이 될 증상을 찾고 있다. 이런 식으로 대화가 진행되어선 안 된다. 묻고 있으니 대답은 해야겠지만. 며칠 전 새벽녘 수상한 소리에 깨어 거실로 나오니 냉장고가 신음하고 베란다의 화초가 끊어질 듯 이어질 듯 숨을 몰아쉬었다. 다음날엔 벽에 걸린 괘종시계가 열악한 근로조건을 불평하고, 작은 양철 곰 인형은 북채를 쥔 손을 내리려다 말았다. 의사가 눈을 깜박이더니 미소를 짓는다.

"알만합니다. 한 마디로 헛것을 본 것이죠. 선생의 병은 복합적인 것입니다. 우울증, 분열증, 환각증상…. 속히 치료를 받아야 합니다. 언제부터 그런 증세가?"

오래전부터다. 힘주어 말하지만 내 병은 내가 잘 안다. 눈동냥 귀동냥으로 공부도 많이 했다. 정확한 병명은 패닉 디스오더Panic Disorder·恐慌障碍다. 간뇌 이상으로 발생하며 교감신경계 고장으로 경보장치가 오작동되는 현상이다. 증세는 다양하다. 공포의 엄습, 빈맥, 발한, 호흡곤란, 암흑시야….

"저런…. 그렇군요. 이해, 이해합니다. 그래서 직장을…?"

직장을 그만둔 이유 말인가? 병 때문이라고 둘러댈 수도 있지만 마뜩잖다. 회사를 그만둔 이유? 잘 모르겠다. 사람은 누구에게든 아니다 싶은 때가 있고 그냥 하던 일을 그만두어버리기도 하지 않은가. 물건을 손에서 그냥 놓아버리듯 말이다. 그렇다 해도 좀 더 그럴듯한, 자신을 납득시킬만한 이유가 있을 법도 하련만. 그것이 무엇이람? 그보다 수술은 언제쯤 하게 되는 것인지?

"선생, 횡설수설하시는군요. 그리고 수술이라뇨. 왜 꼭 수술을 고집하시는지? 약물로도 얼마든지 치료가 가능한데."

되풀이 말하지만 내 병은 내가 잘 안다. 푸로작Prozac을 복용한다. 뇌파에 변화를 주는 자기장 치료를 받기도 한다. 그러나 내겐 수술을 받아야 하는 '명백하고 현실적인' 이유가 있다. 아까부터 꺼림칙한 느낌이 가시지 않는다. 보고 있으면서도 눈에 들어오지 않는, 무언가 중요한 것이 빠져 있는 듯한. 의사가 차트 위로 손을 놀리더니 애써 마음을 다스리려 헛기침을 한다.

"증세가 심각하군요. 선생의 경우는 대뇌 흑질 파괴가 한참 진행된 상태입니다. 멀쩡한 분이 어쩌다…. 약은 한 달 분입니다."

무심한 간호사의 눈길을 뒤로하고 문을 나섰다. 좌우로

늘어선 방들이 비슷해 그곳이 그곳인 것 같다. 의사와의 상담이 그렇게 진행되어선 안 되었다. 난 처방전을 구겨 바닥에 버렸다. 그렇다. 나는 맞닿아 있는 다른 방으로 잘못 들어간 것이다!

영화 〈뻐꾸기 둥지 위로 날아간 새〉가 생각난다. 내가 가야할 곳은 '뻐꾸기 둥지Cookoo's Nest'가 아닌 다른 새의 둥지였다. 간이침대가 놓였고 메스가 철거덕대며 음습한 조명이 비추는 곳. 소독약 냄새가 끼쳐온다. 어둠 속에서 꿈결인 듯 사내가 웃는다. "쪼가리 팔러 오셨구만. 전화한 사람이셔?"

머리를 흔들며 병원 건물을 나선다. 구원은 항상 막다른 골목에서 역설적으로 모습을 드러내나 보다. 어이없는 작은 실수가 어둠의 입구에 발을 들여놓은 사람을 구했다. 삶은 예기치 않은 순간 갑자기 다가오기에 또 살 가치가 있는 것인가 보다. 눈이 부시다. 인디언 전래동요가 귓바퀴를 맴돌다 흩어진다.

'새 한 마리는 동쪽으로, 한 마리는 서쪽으로, 또 다른 한 마리는 뻐꾸기 둥지 위로 날아갔네~.'

개에 관한 명상

주변 길을 걷다 신호등에 멈춰 섰는데 젊은 부부가 쌍둥이 유아차를 끌고 있더라고요. '쌍둥이 유아차도 있네' 하며 놀라 안을 들여다본 순간 강아지 두 마리가 물끄러미 나를 쳐다보는 것이 아닌가요. 나를 보고 살짝 비웃는 것도 같았습니다. "어쩔래? 나 금수저로 태어났거든." 얼굴이 화끈거려 돌아서는데 살짝 오기가 치밀었어요. 그래서 속으로 중얼거렸죠. '그런 너는 왜 강남에서 싸돌아다니지 않고 여기에 있는데?'

한 번은 또 이런 일이 있었답니다. 아파트 단지 내 조성된 작은 정원을 둘러싼 길에서였어요. 앞에 엄마와 아이로 보이는 크고 작은 한 쌍의 여자와 그들의 일행으로 보이는 개 한 마리가 좁은 길을 온통 차지한 채 걷고 있었습니다. 그날따라 급한 일이 있어 길을 서두르려니 일행 중 엄마인 듯한 젊은 여자가 상황을 눈치챈 듯 뒤돌아서다 말다 힐끗 나를 보더니 하는 말이라니. "애, 애, 비켜, 비켜. 사람 온다!"

그것이 끝이 아니었다고요. 또 다른 한 번은 산책길 벤치에 앉았는데 끈 풀린 개 한 마리가 수상한 낌새를 눈치챘는지 내게 다가왔습니다. 그러더니 킁킁거리며 운동화 냄새를 맡는 것이 아니겠어요. 발을 빼며 주위를 돌아보자 주인 남자가 달려와 개를 낚아채 안아 들었습니다. 일행인 여자도 개를 꾸짖으며 달랬고요. "왜 아저씨한테 달려들고 그래?" 남자 품에 안긴 채 떠나던 개가 마뜩잖은 모양으로 "캥캥? 캥캥!" 짖어요. 내게 마지막 말을 던진 것이었고, 나는 당연히 알아들었죠. "뭔 아저씨? 개할아버지잖아!"

왜 유독 내게만 그런 일이 되풀이되는지 모르겠습니다. 세상의 모든 개와 내가 어떤 특별한 관계가 있는 것은 아닐까 하는 생각도 드는군요. 어릴 적 국정 국어교과서 첫 장에 나온 이름이 생각납니다. '철수', '영희', '바둑이.' 전과지도서나 수련장 같은 참고서를 보면 그다음에 다른 이름이 또 나오기도 합니다. 다름 아닌 '창식이'! 어린 마음에도 웃어야 할지 울어야 할지 갈피를 잡을 수가 없더라고요. 한편 의문도 들었답니다. 왜 내가 개 다음에 자리해야 하는데? 크면서 나이가 들며 깨닫게 되었지만요. 그 순서가 반드시 틀린 것은 아니란 것을.

개에 관한 이야기라면 무어니 해도 〈플랜더스의 개A Dog of Flanders〉가 떠오릅니다. 어릴 적 읽었던 동화에 나오는 개 말이에요. 벨기에 플랜더스 지방 작은 마을에서 외할아버지와 함께 사는 소년 네로Nello와 늙은 개 파트라슈Patrasche의 이야기가 어쩌면 그렇게도 어린 마음을 시리게 하던지요. 포악한 주정꾼 주인으로부터 버림받은 늙은 개 파트라슈를 할아버지와 네로가 구출합니다. 네로와 파트라슈는 매일 아침 우유 수레를 끌면서 어렵사리 생계를 이어가는군요. 화가의 꿈을 가지고 있는 네로는 대회에 출품한 그림이 낙선하고 할아버지마저 돌아가시자 크리스마스이브 날 저녁 성당을 찾아 흠모하던 루벤스의 그림 아래에서 파트라슈를 껴안고 얼어 죽습니다.

파트라슈와 같은 급으로, 아니 어쩌면 더 마음에 들어앉은 개가 있긴 하죠. 어릴 적 기르던 개 '복구福狗'입니다. 복구는 누런 몸통에다 등짝에 거뭇거뭇한 점이 있는, 시쳇말로 '시고르자부종'이었습니다. 복구와의 인연은 오래가지 않았답니다. 어느 날 학교에서 집으로 왔는데 복구가 달려 나오지 않았어요. 나중에 어른들한테서 들으니 복구가 개장수에게 '후달려' 갔다는 것입니다. 목에 올가미를 찬 채 구슬픈 울음을 울고 있는 복구의 모습이 한동안 머리에서 떠나질 않았습니다. 나는 지금껏 개를 먹어 본 적도 없고 먹지도 않습니다. 어떻게 내가 복구를 먹겠어요?

족제비의 선행善行

마을로부터 사뭇 떨어진 곳에 농가 두 채가 자리 잡고 있었다. 나란히 붙어있는 것은 아니었고 한 달음이면 닿을 수 있는 거리였다. 두 집 모두 소, 돼지, 염소 등도 키웠지만 주로 닭을 키우는 양계 농가였다. 밤이 이슥하여 한 농가의 닭장 안으로 족제비 한 마리가 숨어들었다. 철망이 비교적 헐거운 탓도 있었지만 조금 찢긴 부분을 헤집고 밑바닥 땅을 파헤쳐 침입한 것이다.

닭들은 '꼬꼬댁댁~', '꼬꼬꼬꼬~' 놀라 홰를 치고 닭장 안을 가로세로 어지럽게 날아올랐다. 족제비는 그중에서 가장 몸집이 크고 심술궂게 생긴 장닭을 한눈에 알아보고 순식간에 제압하였다. 그 수탉은 평소 무리 위에 거만하게 군

림하며 으스대었으나 이제 날개조차 제대로 퍼덕거리지 못하고 '꾸꾹~' 구슬픈 소리를 내며 닥쳐올 운명에 몸을 내맡긴 천덕꾸러기 신세일 뿐.

다른 닭들은 사태가 진정 국면에 들어서자 갑자기 출현한 권력의 횡포에 내심 불만스러웠으나 횡액의 불똥이 언제 자신에게 떨어질지 몰라 감히 내색은 하지 못하고 '꾸꾸꾸꾸~' 앓는 소리만 냈다. 와중에 호기심 많은 하룻병아리들은 어미 닭 품에 파묻혀 '뽁뽁뽁뽁~' 천진난만하게 재잘거리며 사태의 진전을 지켜보았다. 그때 족제비가 조그맣고 영악한 눈동자를 빙그르르 돌려 닭 무리를 일별하고선 입을 열었다.

"나는 너희들을 해치려고 온 것이 아니다."

족제비는 그렇게 말하며 움켜쥐고 있던 장닭의 목울대를 놓아주었다. 거만한 닭은 검붉은 벼슬이 찢겨 피를 흘릴 뿐 큰 상처는 없어 보였는데, 기가 죽어 고개를 절레절레 흔들며 물러났다. 그 모습을 보고 평소에 호시탐탐 우두머리 자리를 노리던 경쟁자들은 한편 고소하게도 생각했다. 그때 여느 닭 중 용기 있는 젊은 수탉이 족제비에게 물었다.

"님이시여, 당신이 정녕 그분이신가요? 그런데 어찌하여…?"

아마도 족제비의 폭력행사에 대해 항의하려는 것 같았다.

족제비는 젊은 수탉을 눈여겨보아 두었다. 때가 되면 저놈을 제일 먼저 손보리라. 나서지 않아도 좋을 때 나서서 불행을 자초한 것이니 누구를 한탄할 것이냐. 족제비는 한껏 거드름을 피우며 대답했다. 돌연 마른하늘에 번개가 치고 천둥이 울렸다.

"내가 나이니라! 나는 너희들을 구원하려고 온 것이다."

족제비가 계속해 말하길,

"너희들이 무엇을 의심하느냐? 종국에 의심이 너희를 멸망케 하리라."

족제비와 닭들의 결코 어울릴 수 없는 괴이한 혼거混居가 시작된 연유다. 이런 소란을 주인인들 모를 리 없었다. 처음엔 큰소리 지르며 막대기를 휘두르고 돌멩이를 던져 쫓아내려 했다. 그러나 돌팔매질은 매번 빗나갔고 영활한 족제비는 주인의 체면을 챙겨주는 척 슬쩍 도망갔다가 돌아오기를 되풀이했다. 반복되는 일과에 주인이라고 별 도리가 있을 리 없었다. 딱히 피해도 없으니 이상한 동거를 묵인할 수밖에. 족제비도 호응했다. 어쩌다 마주치기라도 하면 꼬리를 내리고 양순한 눈빛을 보여 주인의 환심을 샀다.

족제비는 정말 닭들을 해치지 않았다. 존장인 어르신 닭을 예우하고 비슷한 MZ 또래들과는 화평하게 지내며 결코 영계들을 탐하지 않았다. 심지어 개나 고양이 큰 쥐 같은 천적으로부터 닭들을 보호하여 주었다. 족제비는 무시로 닭장을 들락거림은 물론 그곳에서 주인인 양 낮잠을 즐기기도 했다. 어느덧 닭들은 족제비를 신뢰하기에 이르렀고, 어린 암탉들은 "옵빠! 옵빠!" 하며 팬덤을 형성해 족제비를 따랐다. 닭장 안에 평화가 깃들었다. 영구히 계속될 것 같은 평화가.

그것이 족제비의 성정에 비추어 도대체 가당키나 한 일일까? 그렇다. 족제비에게 닭들의 운명은 단지 순서의 문제였을 뿐이다! 주인이 쫓으면 족제비는 안전한 옆집의 계사로 피신하곤 했다. 살육자가 등잔 밑에 숨어있음을 누가 짐작이나 할 수 있겠는가. 한 농가에 일시적인 평화가 둥지를 트는 대가로 다른 농가에서는 닭이 차례로 죽어 나갔고, 마침내 폐사廢舍가 되었다.

8월의 크리스마스

 주여, 지난여름은 참으로 위대偉大, 아니 위태危殆했습니다. 8월은 역대급 무더위 한가운데 있었고요. 오래전(1989년)에 개봉한 허진호 감독의 〈8월의 크리스마스〉는 제목에 이끌려 본 영화였답니다.

 영화는 시한부 인생을 사는 노총각 정원(한석규)과 주차 단속요원 다림(심은하)의 사랑 이야기입니다. 정원은 사진관을 운영하며 평범한 일상을 살아가는 인물이고, 다림은 단속 차량 사진 필름을 맡기려고 사진관에 들르면서 정원에게 특별한 감정을 갖습니다. 두 사람의 짧은 사랑 이야기는 정원이 죽은 후 다림이 사진관 진열장에 놓인 자기 사진을 보며 미소를 짓는 것으로 끝을 맺는군요.

영화를 보면서도 왜 제목이 〈8월의 크리스마스〉인지 감이 얼른 잡히지 않았습니다. 흔하디흔한 남녀 간의 사랑 이야기가 특별한 돌출 사건이나 변화 없이 잔잔히 이어지더라고요. 고개를 갸웃거리기도 했습니다. 주인공 정원의 죽음을 보는 시선이 보통 사람과는 사뭇 다르게 담담하고 긍정적이어서 이 점이 계절의 순환과 맞물리며 '8월(한여름의 죽음)'과 '크리스마스(한겨울의 탄생)'라는 이질적인 두 개념의 간격을 좁히지 않았을까….

사실은 영화를 보는 내내, 그리고 보고 나서도 한참, 안데르센의 동화 〈성냥팔이 소녀〉를 생각했습니다. "성냥 사세요! 성냥 사세요!" 밤이 오면 집집마다 행복의 불이 켜지는데 성냥을 팔아 하루를 마감하던 그 '이름 모를 소녀' 말이에요. 소녀는 추위에 떨며 성냥을 켜 언 손을 녹입니다. 사회의 냉대와 이웃의 무관심 속에 허탕을 친 소녀는 어느 세밑 식구들이 단란하게 모여 앉은 집 낮은 창가에 기댄 채 숨을 거둡니다. 소녀는 꿈속에서 그리워하는 할머니 품에 안긴 채 하늘로 올라가는군요.

〈8월의 크리스마스〉라는 영화의 제목을 황동규 시인의 시 제목에서 따와 〈즐거운 편지〉로 정하려 했다는 뒷이야기도 들었습니다. '내 그대를 생각함은 항상 그대가 앉아 있는 배경에서 해가 지고 바람이 부는 일처럼 사소한 일일 것이나…'로 시작하는 시 말이에요. 그런 와중에 뜬금없게도 안도현 시인의 짧은 시 '너에게 묻는다'가 생각난 것은 또 무슨 까닭이었는지 모르겠습니다.

너에게 묻는다

'연탄재 함부로 발로 차지 마라
너는
누구에게 한 번이라도 뜨거운 사람이었느냐'

그게 끝이었다면 너도나도, 우리 모두 좋으련만 그렇지 못했답니다. 급기야 〈너에게 묻는다〉를 떠올리며 시도, 산문도 아닌 글을 습작習作했습니다. 당연히 어느 매체에도 발표하지는 않았고요. 제목은 김광규 시인의 '희미한 옛사랑의 그림자'에서 따와 〈부끄럽지 않은가〉로 정했습니다.

부끄럽지 않은가

'고층 아파트 산다고 함부로 자랑 마라
성냥 사세요! 성냥 사세요!

성냥팔이 소녀를 생각해 본 적이 있느냐
밤이 오면 창窓마다 행복의 불이 켜지고
소녀는 추위에 떨며 성냥을 켜 몸을 녹인다
담벼락에 기대어 지친 소녀는 잠이 들더라
꿈속에서 할머니를 만나는지 소녀가 웃고 있다
8월의 크리스마스를 생각해 본 적이 있느냐
부끄럽지 않은가 부끄럽지 않은가, 그대
낮은 지붕 창가에 기댄 채 쓸쓸히 눈을 감던
우리들의 누이를 생각해 본 적이 있느냐'

　그럭저럭 삶을 견디는 중 어쩐 일로 주위를 살피기라도 하면 항상 나보다 더 힘든 이웃이 있게 마련이더라고요. 돌이켜보건대 양심이 촉발하는 내면의 소리에 수시로 귀 닫고 살아온 나에게 '부끄러움'은 삶을 지탱하는 징표徵標와도 같은 것이었으며, 그것은 지금도 그러하답니다.

초겨울 단상斷想

간밤에 모진 바람이 그리 불더니 거리엔 수상한 침묵만이 감돈다. 나뭇잎은 뒤채는 것도 잊고 그저 누워만 있다. 낮게 드리운 구름은 하늘과 땅의 경계를 허문다. 생선의 가시를 발라놓은 듯 앙상한 겨울나무가 수도승처럼 허공으로 솟구쳐 있다. 키 작은 가로등에 때 이른 불이 들어와 창백한 빛을 흩뿌린다. 연탄을 가득 싫은 삼륜차가 지나가고 한 줄기 바람이 일어 꼬리 긴 휘파람 소리를 내며 골목길로 사라진다. 새 한 마리가 겨울 하늘을 비끼어 날고 어디선가 억눌린 개 짖는 소리가 들리는데.

좋은 시절은 바람처럼 지나갔고, 무엇을 시작하기엔 턱없이 늦었다. 지금은 침묵할 때, 침묵으로 겨울을 준비할 때다. 겨울은 '강요된 선택'이다. 그러나 지나고 보면 겨울 한복판이 차라리 견디기 쉬웠음을 안다. 얼마간 추위에 길이 들기도 하겠지만 한겨울은 가슴을 베이는 칼 같은 아픔이 있다. 몸의 아픔은 마음의 고통을 감멸(減滅)해줌으로 오히려 견디기 쉽다. 연못의 얼음은 금이 갈 때가 더 두렵다. 번개의 흰 빛은 천둥보다 사람을 놀라게 하고 태풍은 닥쳐오기 전 여린 바람이 살랑살랑 잎사귀를 간질일 때가 더 불안하거늘. 늦가을과 맞물려 있는 지금 같은 초겨울이 더욱 견디기 어려운 연유다.

천지사방은 적막하고 사물은 안개 속 풍경처럼 흐릿하다. 불안함이 짙어지며 낯선 곳에 혼자 던져진 것 같은 소외감도 엄습한다. 그러나 사람의 마음이란 알 수 없는 것이, 한편 절망과 고독 속에 한없이 빠져 들어보고 싶기도 하다. 늪에 한번 발을 담그면 밑바닥에 닿은 후에야 비로소 헤어 나올 수 있는 이치일까. 어쩌면 절망의 여지가 있는 지금이 좋은 때인지도 모른다. 절망은 아직 희망이 있을 때 찾아오는 것이다. 절망은 희망의 반증이다. 사람은 불안과 절망 가운데서 위안을 찾고 이를 넘어서려는 노력을 하게 된다. 부단히 노력하는 과정 속에 인간다움이 있다.

아침에 일어나 귀 기울여 보면 적요함을 뚫고 멀리서 종소리와 북소리가 들린다. 마음에 파고波高를 일게 하는 종소리는 인적 드문 어느 마을 교회의 첨탑에서 들려오고 북소리는 이름 모를 촌락의 성긴 관목 숲에서 들려온다. 한데, 이상도 하여라. 소리가 멀리서 뿐 아니라 가까이에서도 들리는 것이. 종소리는 머리 위로 새 떼처럼 흩어지고 북소리는 가슴 속에 말발굽처럼 울려 퍼진다. 계절은 호소하고 채근採根한다. 지금 이러고 있을 때가 아니라고. 어디로든 떠나라고. 도대체 왜 그러고 있느냐고.

스산한 초겨울 포도를 걷는다. 앞쪽에 초라한 행색의 사내가 걸어온다. 비껴 쓴 모자 바깥으로 머리칼이 삐져나와 있다. 퀭한 눈빛으로 나를 쳐다보던 그의 시선이 흔들리다 허공을 향한다. 노숙인이나 몸이 성치 않은 사람을 대하면 항상 마음이 무겁다. 나와 그들과의 연결 끈은 무엇일까. 나는 그들의 삶에 어떻게 관계하고 있으며 과연 나의 책임은 없는 것일까. 학교 때 되뇌던 릴케의 시 〈가을날〉이 생각난다. '이제 집이 없는 자는 더 이상 집을 짓지 못할' 것이다. 집 없는 내가 다른 집 없는 사람을 걱정해도 되는 걸까. 그래도 주위를 둘러보면 나보다 힘든 이웃이 있기 마련이다. 언제나, 예외 없이.

계절의 정취가 마냥 무거운 것만은 아니고 애틋함도 있다.

그 옛날 대학 시절 강의실에서 훔쳐보았던 사모하던 여학생의 옆얼굴이 어렴풋이 기억난다. 토요일 오후 신축 도서관 건물의 계단을 내려오며 들었던 한 묶음 여학생들의 쾌활한 소성笑聲도 귓바퀴에 맴돈다. 그녀들의 가슴에는 책과 노트들이 상품처럼 한 아름씩 들려있었지. 어느 해였던가, 아니면 매년 그러했던가. 기말시험이 끝나는 12월 초 어느 날도 생각난다. 대학에선 예나 지금이나 시험이 끝나면 자연스레 겨울방학으로 이어진다. 축축한 낙엽 깔린 교정에는 돌아선 사람들과 돌아가는 사람들의 모습뿐이었다. 카인의 표적Kains Abzeichen을 지닌 우리도 낙엽처럼 흩어졌고 안녕이란 인사말은 메마른 가슴에 남았구나. "아우프 비더제엔Auf Wiedersehen!"

겨울의 입구에 들어서서 겨울 숲을 거닐고 싶다. 운이 좋으면 가을 숲으로 떠났던 목마木馬를 그곳에서 만날 수 있는지도 모르니까. 모더니스트 시인 박인환의 시詩에 나오는 '주인을 버리고 그저 방울 소리만 울리며 가을 속으로 떠난 목마'가 발가벗은 겨울 숲 어디엔가 쓰러져 있을 것만 같다. 용도 폐기되어 주저앉아 있을지도 모를 목마를 구호하며 묻고 싶다. 숙녀는 왜 우리를 떠났냐고. 그리고 넌 왜 또 주인인 숙녀를 버리고 가을 숲으로 떠난 것이냐고.

'목마와 숙녀'는 전후의 암울한 풍토를 형상화한 감상感傷적인 시다. '가을로 떠난 목마'는 사라진 모든 사랑하는 대상에 대한 아픔을 추상抽象한 것이려니. 나 역시 시에 나오는 표현처럼 '두 개의 바위틈을 지나 청춘을 찾고' 중년을 거쳐 시나브로 노년의 문턱에 이르렀다. 겨울의 강江에 한 자락 옷깃을 담근 채 시린 바람을 맞으며 반추反芻해 본다. 목마뿐 아니라 나도 떠나왔음을. 나도 어떤 이들에게는 목마처럼 사라져간 대상이었고, 당연히 그들에게 상처를 주어 왔으리라는 것을. 무엇보다, 비록 초라하나 그간의 작은 성취는 다름 아닌 내가 떠나온 사람들로부터 힘입은 것이었음을.

베를린 천사의 시

    뉴저먼시네마의 기수 빔 벤더스 감독의 영화 〈베를린 천사의 시Der Himmel ueber Berlin, 1987〉는 시적 독백을 통한 의미의 전환, 흑백과 색채를 혼합한 서정적 화면이 인상적인 영화다. 원제목은 〈베를린의 하늘Der Himmel ueber Berlin〉이지만 시적인 함의를 갖는 번안 제목이 오히려 영화 전반에 깔리는 허무와 상실, 몽롱하고 우울한 정조를 돋보이게 한다.

    트렌치코트 차림의 수호천사 다미엘(브루노 간츠)과 카서엘(오토 샌더)은 높은 건물 꼭대기나 전승기념탑 동상의 어깨에 앉아서 세상을 내려다본다. 그들은 아이들이나 맹인들 외에는 보이지 않는 존재이며, 외로운 침실이나 도서관, 한적한 커피판매대나 사고 현장에 출몰한다. 두 천사 중 다미엘은 인간이 당연히 여기는 것들, 즉 만지고 느끼며 보이는 존재가 되고 싶다는 바람을 갖는다. 인간이 된 다미엘이 머리 상처에서 흐르는 피 맛을 보며 기뻐하는 모습은 충격적이다. 〈베를린 천사의 시〉는 분단 독일의 이면에 드리운 트라우마와 전후의 비참한 삶을 묘사하면서도 인간 세상과 인간적인 삶에 대한 긍정과 희망을 놓치지 않았다. 이 영화가 다미엘의 우울한 톤의 독백을 통해 되풀이 제기하는 물음은 어린아이들이 던질 법한 질문들이다. "왜 나는 당신이 아니고 나일까? 왜 나는 거기가 아니라 여기에 있는 걸까." 결국 이 영화는 '과거(순수)'와 '지금(불안과 고통)'으로 대비되는 '시간(유한성)'의 문제를 다루고 있다. 다미엘 독백의 원전은 '아이가 아이였을 때Als das Kind Kind war·獨'로 시작하는 페터 한트케의 시다. 오스트리아 출신 시인이자 극작가, 소설가인 페터 한트케는 이 영화에 시나리오로 참여했다.

> '아이가 아이였을 때
> 팔을 휘저으며 다녔다
> 시냇물은 하천이 되고
> 하천은 강이 되고
> 강도 바다가 된다고 생각했다

아이가 아이였을 때

질문의 연속이었다

왜 나는 나이고 네가 아닐까?

왜 난 여기에 있고

저기에는 없을까?

아이가 아이였을 때

막대기를 창槍 삼아서

나무에 던지곤 했는데

창은 아직도 꽂혀 있다'

            - 유년의 노래Lied vom Kindsein 중

   다미엘의 읊조림으로 되풀이되는 유년에 대한 그리움과 회환은 천사로서의 입장을 대변하고 강화하는 장치로 쓰였다. 이 사변적인 영화 최대의 딜레마는 증류수처럼 무취無臭한 순수와 불멸성을 포기하고 인간이 된 다미엘의 선택을 어떻게 볼 것인가 하는 점일 것이다. 다미엘의 선택은 '지금Jetzt, 그곳Da'의 삶에 대한 경향Neigung을 택할 수밖에 없는 인간존재의 숙명을 에둘러 웅변한다. 그런 측면에서 은유와 상징이 중첩되어 이해가 쉽지 않은 이 영화는 독일 관념철학Idealismus의 계보를 잇고 있으며, 실존주의적 관점의 영화라고도 할 수 있다. 그렇더라도 의문이 남는다. '지금 이 순간'이 '영원'보다 '영원한' 것일까? 순수를 떠난 삶이 고통스럽고 불안하며, 그 밑바닥에 좌절이 똬리를 틀고 자리할지라도.

애너벨 리와 채식주의자

하늘도 놀라고 땅도 흔들리고. 지난해는 돌이키기도 싫지만 놀랍고 반가운 일도 있었지요. 한강의 노벨문학상 수상식. 한강 작가의 시그니처 소설 〈채식주의자〉를 읽으면서 줄곧 기이한 기시감이 가시지 않았습니다. 시인이자 소설가인 에드거 앨런 포(Edgar Allan Poe, 1809~1849)의 시 〈애너벨 리 Annabel Lee〉가 생각나서요. 추리소설의 비조鼻祖로 일컫는 포는 지금 생각해도 그 괴기함과 독창성에 놀람을 금할 수 없습니다. 〈검은 고양이〉, 〈황금 풍뎅이〉, 〈어셔가의 몰락〉, 〈모르그가의 살인〉 같은 소설도 그렇거니와 시 〈애너벨 리〉는 놀람을 넘어 당황함을 안겨 줍니다.

〈애너벨 리〉를 처음 접한 것은 1960년대 중반 영어 참고서인 〈영어정해英語精解〉를 통해서였어요. 'It was many and many a year ago/ In a kingdom by the sea(옛날 옛적 바닷가 왕국에…)'로 시작하는 시의 일부를 지금도 외울 정도입니다. 사각형으로 테두리를 한 예문에는 전체 6연인 시의 전문이 모두 담겼던 것으로 기억합니다. 시가 계속되는군요. 'But we loved with a love that was more than love(우리는 서로 사랑 이상의 사랑을 하였고)'. 전체 내용을 간추려 봅니다.

　'옛날 옛적 한 바닷가 왕국에 애너벨 리라는 소녀가 살았네. 그녀도 어렸고 나도 어렸지만 우리는 사랑 그 이상으로 사랑을 했지. 바다 밑 악마와 날개 달린 천사가 시샘할 정도로. 그래서 구름으로부터 찬 바람이 불어와 나의 귀여운 소녀 애너벨 리를 얼어 죽게 했고, 높은 계층의 친족들이 그녀를 바닷가 왕국의 무덤에 가두었다네. 나는 이제 나의 삶, 나의 사랑, 귀여운 나의 신부 애너벨 리 곁에 누워 바다의 물결치는 소리를 듣는 것이고.'

　시의 하이라이트는 심히 괴이쩍었습니다. 날개 달린 천사 winged seraphs와 높은 계층의 친족high level kinsman이 밤을 틈타 구름 속 바람을 불러내 가엾은 소녀를 얼려 죽였다 chilling and killing는 것이 아니겠어요. 아니 어떻게 이런 일이! 바다 밑 악마demons down under the sea야 그렇다 치더라도 소녀를 '얼려 죽인' 이 무슨 '얼어 죽을' 놈들이 천사고 높은 계층의 친족이람? 나는 두근거리는 가슴에 더해 분함을 억누르며 마지막 연을 읽어 내려갔습니다. '나는 이제 바닷가 돌무덤sepulchre 속 나의 신부 곁에 누워 밤새도록all the night-tide 바다가 울부짖는 소리sounding sea를 듣는다.' 아니 아이가 죽은 사람 곁에 누워 밤을 지샌다고? 아무리 사랑해도 그렇지, 무섭지도 않나?

포의 〈애너벨 리〉는 다른 모습으로 되살아납니다. 짐 리브스와 마리안느 페이스풀의 토크 송 〈애너벨 리〉! 컨트리 웨스턴 음악의 제왕인 짐 리브스의 슬픔이 정제된 내레이션과 원조 아이돌 마리안느 페이스풀의 허스키하면서도 격정적인 독백은 한동안 나를 놓아주지 않았고 그것은 지금도 그러하답니다. 다른 데에도 생각이 미쳤어요. 세 사람의 생애에 대해 천착한 것이죠. 에드가 앨런 포(친인 상실), 짐 리브스(비행기 사고) 그리고 마리안느 페이스풀(마약 전과). 불운으로 점철된 세 사람의 운명과 삶의 궤적이 가슴 깊은 곳을 파고듭니다.

한편 한강의 장편소설 〈채식주의자〉는 일종의 연작소설이 에요. 1부 '채식주의자', 2부 '몽고반점', 3부 '나무 불꽃'으로 구성되어 있습니다. 어린 시절 자신의 다리를 문 개를 죽이는 장면이 뇌리에 박혀 점점 육식을 멀리하고 스스로 나무가 되어간다고 생각하는 영혜를 주인공으로 각 편에서 다른 화자가 등장하는군요. 갑작스러운 영혜의 채식주의 선언은 남편을 비롯한 가족들을 당황스럽게 합니다. 함께 모여 식사를 하던 어느 날 아버지는 영혜에게 고기를 먹을 것을 강요하며 폭력을 휘두르고, 영혜는 발작을 일으키며 과도로 손목을 긋습니다.

〈채식주의자〉는 상처 입은 영혼의 고통을 식물적인 상상력과 결합시켜 섬뜩한 아름다움의 미학을 완성했다는 평가를 받았죠. 포의 〈애너벨 리〉와 한강 소설 〈채식주의자〉의 연결 고리를 살펴볼까요? '사회적 약자에 대한 억압과 폭력'으로 주제를 정리할 수 있지 않을는지요. 여성의 개성과 주체성이 친인의 폭력과 사회적 통념에 의해 차단돼 광기로 표출되는 어둠의 미학이랄까.

주제는 결코 낯설거나 새로운 것이 아니라 '보편적이고 근원적인 것Something Universasl & Fundermental'이란 말이 새삼스럽게 생각납니다. 그런데… 그런데 말이죠. 가시지 않는 의문이 있습니다. 한강의 소설 〈채식주의자〉보다 170여 년 전인 1849년에 발표한 포의 시 〈애너벨 리〉가 더더욱 처연하고 참혹하게 다가오는 이유가 무엇인지요?

카프카 따라잡기

카프카(Franz Kafka, 1883~1924) 사후 100주기週忌가 되었군요. 카프카의 작품은 지금 읽어도 그 현시성現時性으로 해서 감탄을 금할 수가 없습니다. 벌레 인간 그레고르 잠자가 나오는 〈변신〉, 게오르그 벤데만이 나오는 〈판결〉, 〈시골 의사〉 같은 중·단편과 함께 고독의 3부작으로 일컫는 장편 《소송》, 《성》, 《실종자(아메리카)》가 널리 알려졌지요.

카프카의 소품 산문 또한 범상치 않습니다. 턱없이 짧은 글임에도 놀라움을 안기는군요. 이미지의 굴절과 연상의 파괴, 반전과 이를 뒤집는 또 다른 반전이 특징입니다. 10여 년 전 인터넷 칼럼사이트 자유칼럼(www.freecolumn.co.kr)에 〈카프카는 없다〉라는 글을 쓰며 그 같은 관점을 소개했었지요.

카프카가 쓴 짧은 산문 중에서도 〈작은 우화〉는 대표적인
글입니다.

작은 우화 Kleine Fabel*

"아!", 쥐가 말했다. "세상이 날로 좁아지누나. 처음에는
하도 좁아서 겁이 났는데, 자꾸 달리다 보니 드디어 좌우로
멀리에서 벽이 보여 행복했다. 그러나 이 긴 벽들이 어찌나
빨리 양쪽에서 좁혀드는지 나는 어느새 마지막 방에 와 있
고, 저기 저 구석에는 덫이 있어, 내가 그리로 달려 들어가
고 있다." – "너는 달리는 방향만 바꾸면 돼" 하며 고양이가
쥐를 잡아먹었다.

카프카가 쓴 짧은 글 중에서도 짧은 편에 속하는 이 글을
1960년대 말 대학생 때 처음 대하고 화들짝 놀랐으며 속으
로 다짐했습니다. '참, 대단하네. 근데 카프카가 별거야? 나
도 이 같은 글을 써보겠다. 내가 쥐띠이기도 하잖아.' 그래서
쥐를 소재로 글 몇 편을 썼고, 다음 글은 그중 한 편입니다.
어설프게 독일어로 제목도 지었고요.

미로 학습 Im Labyrinth

쥐 한 마리가 기어가자 작은 널빤지 벽이 나타난다. 생쥐가 다른 길로 접어드니 또 벽이 가로막는다. 실험용 쥐는 방향을 튼다. 그러자 알고 있었다는 듯 또 다른 벽이 나타난다. 머뭇대던 가련한 동물이 출구 쪽으로 향한다. 구경하던 아이들이 박수를 치려던 차 미련한 쥐는 출구로부터 방향을 틀어 쪼르르 멀어지더니 다시 다른 곳을 헤맨다. 상황이 되풀이된다. 쥐 한 마리가 기어가자 또 널빤지 벽이….

바보 같은 쥐! 슬슬 짜증이 나려는 순간 설핏 의심이 들었다. 쥐가 혹 우리를 속이고 있는 것이 아닐까? 출구로 향하는 길을 알고 있으면서도 짐짓 모르는 척. "그러니까 내가 길을 찾지 못해 헤매면 너희들이 웃고 재밌어한다는 말이지? 그럼 그렇게 해. 미안한 말이지만 나는 짜놓은 틀과 각본대로 연기하는 것이라고. 금방 출구를 찾아내면 재미가 없잖아. 그것도 모르는 너희들이 무얼 알기나 해?"

그러고 보니 쥐가 출구에 이르러 방향을 바꾸려다 말고 잠시 생각에 잠기는 것 같았다. 아니 찰나의 순간이었지만 얼핏 우리를 일별했었다. 쥐의 붉은 눈에 당혹과 연민, 슬픔이 일렁였던 듯도 하다. 쥐는 이렇게 말했다. "그래, 이렇게 망설이고 어쩔 줄 몰라 하면 되는 거야? 다음엔 더 어려운 문제를 내보시지. 여기저기 스프링 장치가 달린 쥐덫도 설치해놓고 말야. 내가 좀 더 집중할 수 있도록. 알겠니?"

이 글을 쓰고 나서 고민했습니다. 문제점이 무엇일까? 너무 길고 어투가 지나치게 어른스럽구나. 조소와 비아냥거림도 읽히고 훈계조의 내러티브도 마뜩잖네. 그럼에도 굴하지 않고 나의 쥐에 대한 탐구, 그러니까 카프카 흉내 내기는 계속됐습니다. 〈족제비의 선행善行〉, 〈카프카 동물원〉 등등. 그렇다 해도 결코 카프카를 따라잡지는 못했지만.

* 〈변신·시골의사〉(1998 민음사, 전영애 역)에서 인용

성냥팔이 소녀와 그레트헨

"성냥 사세요! 성냥 사세요!" 밤이 오면 집집마다 행복의 불이 켜지고 소녀는 추위에 떨며 성냥을 켜 몸을 녹입니다. 안델센의 동화 《성냥팔이 소녀》는 성냥을 팔아 연명하는 소녀가 사회의 무관심 속에 어느 해 세밑 가족들이 단란하게 모여 앉은 집 낮은 창가에 기댄 채 처마 밑에서 숨을 거둔다는 내용입니다. 이 동화는 '더불어 사는 이웃'의 의미가 무엇인지 성찰케 합니다. 한 해를 마감하는 이맘때쯤이면 '성냥팔이 소녀'와 함께 '안경점의 그레트헨이'라 명명한 한 여자가 떠오릅니다. 물론 두 인물의 출신 배경과 내력이 사뭇 다르고 전해오는 울림도 차이가 있습니다만.

서울, 1973년, 겨울. 크리스마스가 가까워 오는 세밑 해 질 녘. 명동 입구 훈목薰沐다방 옆에 있는 안경점을 찾은 것은 안경다리가 귀를 누르는 바람에 상처가 나 고쳐 쓰려는 것이었습니다. 군 수용연대에서 대충 만들어준 안경인지라 도수가 맞지 않았지만 억지로 눈을 안경에 맞추고 그럭저럭 지내다 보니 견딜만해서 내처 쓰고 다녔습니다. 한번 길이든 안경을 어떤 이유에서든 새것으로 교체한다는 것은 사치였지요. 그 때는 너나 할 것 없이 모두 어려운 시절이었거든요.

주인아저씨가 내키지 않는 손놀림으로 안경을 만지작거리는 것을 보며 앉아 있었는데 웬 여자가 들어섰습니다. 아저씨와는 구면인 듯 서로 인사를 나누며 익숙한 분위기였어요. 20대 초반으로도, 그보다 밑인지 나이를 가늠할 수 없는 여자는 지금까지 보아온, 또는 상상해온 어떤 여자보다 청순하고 아름다워 마음에 격랑이 일어난 때문이었지요. 그녀를 대하니 공연히 얼굴이 화끈거리고 여태껏 마음에 둔 여자들이 천박하게 느껴졌습니다.

그녀는 용모가 깨끗할 뿐 아니라 주위에 은은한 빛이 어려 성聖처녀 같았지요. 비슷한 사람을 생각해내려 애썼지만 마땅한 사람이 당장 떠오르지 않던 중 《파우스트》의 여주인공 그레트헨이 생각났어요. 난 나도 모르게 극시劇詩에 나오는 유명한 구절을 암송하였습니다. "시간이여 멈추어라! 그대는 너무나 아름답도다." 이어 마지막 구절. "영원히 여성적인 것이 우리를 구원한다." 천사들의 합창이 장엄히 울려 퍼지고 마음속에 벅차오르는 내밀한 기쁨과 경건함을 아울러 느꼈습니다. 그녀라면 안경처럼 허접하고 비루한 내 영혼을 높은 곳으로 인도하리라.

그런데 그녀는 친척 아저씨로 보이는 일행이 있었어요. 선글라스를 사려는 지 쇼윈도 속의 안경테를 이것저것 꺼내 써보곤 했는데, 그럴 때마다 동행한 남자에게 조언을 구하려는 듯 얼굴을 반쯤 돌리며 멋지게 포즈를 취했습니다. 스포츠머리를 한 초로의 사내는 손에 다이아 반지를 끼고 있었는데, 고개를 끄덕이거나 흔들어 호好·불호不好를 표시했지요. 어색한 커플의 무언극은 음이 소거된 화면을 보듯 막막했고 현실감이 없었습니다.

이윽고 그녀가 안경 한 개를 골랐고, 남자가 웃었는데 잠깐 금이빨이 보였어요. 안경을 구입한 그들이 문을 열고 나가자 기다리고 있었다는 듯 찬바람이 밀어 닥쳤습니다. 나는 한바탕 헛된 꿈을 꾸었던 모양입니다. 그렇구나! 얼핏 머리를 스치는 생각이 있었죠. 정신을 수습하려 애쓰며 생각이 틀렸기만을 간절히 바랐습니다. 그때 주인아저씨가 대수롭지 않은 듯 말하더군요. "남자가 일본 사람이에요."

안경점을 나서니 코끝이 맵싸했습니다. 거리는 사람의 물결이었습니다. 한 켠에 검은 제복을 입은 구세군이 종을 치고 있었고, 레코드 가게에서는 성가가 울려 퍼지고 있었어요. "온 세상아 주님을 찬양하라." 사람들은 코트 깃에 목을 파묻은 채 달력을 몇 개씩 말아 쥐고 종종걸음을 치더군요. 난 그날 밤 안경을 부서져라 움켜쥐고 찬바람 도는 명동 골목을 헤맸답니다. 어디 한 군데 마음 둘 데 없는 비루한 청춘, 허구적 현실, 비열한 거리였습니다.

안경점에서 만난 여인으로부터 언감생심 '영혼의 구원'을 감지하였으나, 현실은 그녀가 타고난 외모를 무기로 삶을 꾸려나가는 세속에 물든 대상임을 일깨워 주었습니다. 그녀에 대한 환멸로 인해 오히려 자신이 얼마나 초라하고 빈한한 존재인지를 시리게 느꼈던 것이지요. 먼지 때가 촘촘히 낀 낡은 군대 안경은 초라한 자신을 되돌아보는 거울이었죠. 수십 년 후 세밑 안경점에서 조우한 여자 이야기를 글로 옮겼고 그것이 수필 신인상 등단작 〈안경점의 그레트헨〉입니다.

수필가로 등단해 활동하던 중 1년 여의 시간이 지났을 무렵 문득 이야기의 핵심 주제가 가난하고 되는 일 없던 한 청년의 좌절과 무력감만이 아니라는 것을 깨달았습니다. 몸담고 있는 사회상이나 시대의 어두운 측면과도 맥이 닿아 있음을 느낀 것이지요. 그레트헨을 떠올리게 한 청순한 미모의 소유자지만 현지처로 손가락질 받던 그녀 또한 〈성냥팔이 소녀〉 속 어린 소녀와 마찬가지로 우리 사회의 또 다른 희생양일 수도 있다는 생각으로 다시 갈등 속으로 빠져들었답니다.

숯대와 그물의 시간

  해 질 녘 거리로 나서면 익숙한 길도 낯설다. 사물의 윤곽이 흐릿하고 몽롱하면서도 알지 못할 기대로 설레기도 한다. 어디서 본 듯한 얼굴이 사람들 사이로 미소를 지으며 다가온다. 나도 웃으며 마중을 나간다. 우리는 멈칫 스치며 엇갈린다. 그는 내가 아는 '그'가 아니고, 나는 그가 아는 '내'가 아닌 모양이다. 해 질 무렵이면 누구든 만나고 싶다. 마음에 두고 있는 사람, 오래 소식 없는 그리운 친구, 그저 아는 사이일 뿐인 사람, 아니면 서로 다투고 등을 돌렸던 사람일지라도.

  건물과 건물 사이로 보이는 산등성이에 검고 붉은 기운이 펼쳐져 있다. 철학자 니체는 해 질 녘의 신비와 우수, 적막함을 신화적 발상으로 은유한다. '두 세계 가운데 한쪽은 하늘로 올라가고, 다른 한쪽은 땅으로 꺼지는 시간'이라는 것이다. 해 질 녘의 비의祕意는 이에 그치지 않는다. 황지우 시인은 해 질 무렵 한때를 '아주 가까운 피안'이라고 읊는다. 내가 언젠가 한 번은 살았던 것 같은 생이 바로 앞 담벼락에 펼쳐져 있다는 것이다.

침팬지를 오래도록 관찰하고 연구한 생물학자의 증언 역시 흥미로운 시사점을 던진다. 아프리카 하늘을 붉게 물들이는 석양을 지켜보고 있는데 숲속에서 침팬지 한 마리가 파파야를 한 무더기 들고 나타났다. 침팬지는 시시각각 변하는 노을을 멍하니 바라보다가 해가 지자 숲으로 돌아갔다. 침팬지가 왜 그랬을까? 그 순간 영장류인 그 침팬지도 생명 유지에 필요한 것 이상의 그 무엇을 찾고 있었던 것은 아닐까. 그때가 하필 해 질 녘이라는 것이 이채롭다.

오래전 초등학교 운동장에 서 있던 상고머리 아이의 모습이 눈에 밟힌다. 방과 후 늦은 시간이어서 아이들도 몇 없고 운동장에는 반쯤 땅거미가 드리웠다. 한눈파는 사이 운동장은 또 그만큼 작아졌고, 어쩐 일로 아이 혼자만 남았다. 운동장의 빛과 그늘의 경계에 선 아이에게 알지 못할 쓸쓸함이 밀려왔다. 아이는 커가면서 그때의 기분을 간혹 떠올리곤 했지만 애틋함과 불안함이 섞인 느낌의 정체를 잡을 수 없었다. 나중 생각함에 아이는 그때 혹 두 개의 서로 다른 세상의 모습을 언뜻 보았던 것이 아니었을까?

도회의 높은 건물과 건물 사이 갇힌 하늘에 검붉은 기운이 앙탈하듯 일렁인다. 살다 보면 누구에게든 모든 것을 내려놓고 싶은 때가 있나 보다. 누구나 한 번쯤은 자신을 둘러싼 모든 것이 허물어지고, 삶에서 어떤 의미도 찾지 못하는 순간을 맞이하게 된다. 마음은 갈피를 못 잡고 이곳에서 어떻게든 사라지는 것만을 꿈꾼다. 혹독한 방황과 침잠의 시기가 있었다. 항공사에서 20여 년 근무하다 퇴직 후 10년이 지났을 무렵 경제난이 가중되었고 병까지 겹쳤다. 남들에게는 별일 아닌 듯 보이지만 당사자에겐 치명적인 마음의 병에 걸린 것이다.

시도 때도 없이 찾아오는 까닭 모를 불안과 극한의 공포에 더해 검은색 커튼이 시야를 가렸다. 발걸음이 헛짚이고 주위의 건물들이 엇갈리며 허물어져 내렸다. 그럴 때면 몇 걸음도 옮길 수가 없었다. 식은땀을 흘리며 길 위에 주저앉을 수밖에. 병명이 당시에는 이름도 낯선 '공황장애恐慌障碍'라는 것은 나중에야 알았다. 항공사 재직 중 주로 '공항空港'에서 근무했기에 '공황恐慌'장애에 걸린 것일까? 아이러니도 그런 아이러니가 없었다. 증세가 되풀이되며 온 밤을 뒤척이다 설핏 잠에서 깨어나면 회의하곤 했다. '왜 눈이 떠지지 않는 아침은 없는가?'

나는 이대로는 안 된다고, 어떻게든 변화를 주어야 한다고 다짐했다. 해 질 녘 시내 한 고층건물의 계단을 쫓기는 사람처럼 올랐다. 옥상으로 통하는 문은 불행인지 다행인지 잠겨있지 않았다. 'H' 자 표지가 그려져 있는 헬리콥터 이·착륙장을 건너 난간으로 나아갔다. 사물의 윤곽이 아스라이 다가오고 스카이라인과 맞닿은 먼 하늘에 주황빛 구름이 조리개처럼 휘감아 돌며 비밀스러운 문양을 만들었다. 천국으로 가는 통로일까? 하늘이 파놓은 늪이거나 함정인지도 모른다. 주위로 새털구름이 사다리처럼 계단을 만들었다. 층계처럼 맞닿은 그 비밀스러운 틈새로 빠져들고 싶었다. 대찬 바람에 옷자락이 휘날리고 몸이 흔들렸다.

나는 두 가지 길에서 내내 갈등하고 있었고 이제 결정을 내릴 순간이 왔다. 바람벽 앞으로 다가섰다. 신화 속 새 인간처럼 하늘로 솟구치려고, 아니 곤두박질치려고. 이제 한 걸음만 허공으로 내딛으면…. 그때 '부웅~' 하는 안온한 기계 음향이 들렸다. 어둑한 하늘에 비행기가 꼬리 등을 깜빡이며 장난감처럼 떠가고 있었다. 작은 비행기는 뚜렷한 목적지가 아니라 어디 먼 곳으로 날아가는 것 같았다. 추억 건너편의 추억, 아니면 하늘 속 하늘이거나 하늘 밖 또 다른 하늘로.

비행기가 시야를 벗어나 하늘 바깥으로 사라졌다. 난간에 가슴을 붙인 채 저물어가는 시가지를 내려다보았다. 건물 창에 하나둘 행복의 불이 켜지는가 싶더니 이내 온통 별천지가 되었다. 흩뿌려진 별무리가 일제히 땅에 내려앉아 두런거렸다. 순간 내 마음에도 반짝 불 하나가 켜졌다. 얼굴이 화끈거리고 귓가에 날벌레가 잉잉거렸다. 그렇다. 저기, 저곳에 내 삶의 근거가 있다! 알지 못할 힘이 솟아나 도랑물 소리를 내며 혈관 곳곳으로 퍼져나갔다. 나는 계단을 되짚어 내려오며 생각했다. 내게 푸른 깃발처럼 펄럭이던 때가 있었으며 다시 그 시절이 찾아오리라는 것을.

해는 기울고 달은 상기 아니 떠올랐다. 어둠이 깔리면 절간 처마에 달린 풍경風磬은 산에 있으면서 바다로 가고 싶어 한다. 날갯짓하다 어둑한 하늘로 날아간 새는 흔들리는 나뭇가지를 뒤로 한 채 아직도 그 하늘을 날고 있다. 해 질 녘엔 해와 달이 엇갈리고 낮과 밤이 의지하며 교호한다. 삶과 죽음 역시 낮과 밤처럼 순환궤도에서 잇대어 있다. 해 질 녘에 동틀 녘을 떠올린다. 동틀 무렵에는 비움과 안온함이 깃든 해거름을 예비하고 싶다. 마찬가지로 해 질 무렵에 희망과 생명의 기운이 넘치는 동틀 녘을 경작하고 싶다.

해가 남긴 흔적에는 오래된 기억의 조각과 영원 그 너머의 모습이 함께 섞여 있다. 낮과 밤, 환희와 슬픔, 생성과 소멸, 현실과 피안…. 해 질 녘은 두 개의 서로 다른 세상이 만나는 시간이자 공간이다. 한쪽은 하늘로 치솟고 다른 한쪽은 땅으로 가라앉는다. 직립의 시간은 솟대처럼 솟아올라 빛을 흩뿌리다 스러지고 수평의 공간은 그물처럼 가라앉아 어둠을 껴안고 침묵에 잠긴다. 솟대와 그물의 시간!

희미한 옛사랑의 그림자

'4·19가 나던 해 세밑/우리는 오후 다섯 시에 만나/반갑게 악수를 나누고/불도 없이 차가운 방에 앉아…'로 시작하는 김광규 시인의 〈희미한 옛사랑의 그림자〉는 세월이 흐르고 나이가 들어가면서 소시민으로서의 삶을 사는 4·19 세대의 자화상을 보여줍니다. 역사의 진행 과정에 대한 투철한 참여 의식을 갖고 있던 세대가 현실에 길들어 가는 데 대한 안타까움을 토로하는군요.

처음 이 시를 읽었을 때 자괴감이 들었습니다. 순수와 열정, 억압적인 현실에 대한 참여의지를 갖고 있던 젊은 세대들이 나이가 들어가며 그토록 타기唾棄하던 현실에 수용되는 모습은 슬픈 자화상이었거든요. 그냥 그런가 보다 하며

'살기 위해 근근이 사는' 요즘도 간혹 이 시를 떠올리곤 합니다. '어어' 하는 사이 노년의 중턱에 들어서서 매사가 심드렁한 나와 우리들 이야기를 하는 것 같아 마찬가지로 씁쓸함이 가시지 않는군요.

시의 제목 〈희미한 옛사랑의 그림자〉는 멕시코 출신의 트리오 로스 트레스 디아만테스Los Tres Diamantes가 부른 〈루나 예나Luna Llena·滿月〉에서 따온 것입니다. 애조 띤 휘파람과 허밍이 인상적인 이 노래는 푸른 달빛 아래 기억의 편린으로 남은 옛 연인을 회상하는 몽환적인 노래지요. 우리나라에선 남성 사중창단 블루벨스와 정 시스터스가 부르기도 한 유서 깊은 노래예요. '세 개의 다이아몬드'를 뜻하는 로스 트레스 디아만테스의 다른 히트곡으로는 〈베사메 무초 Besame Mucho〉 〈말라게냐Malaguena〉가 특히 기억에 남는군요.

1960년대는 라틴 음악의 전성시대이기도 했지요. 라틴 음악 하면 떠오르는 전설 3인방이 있습니다. 위에서 언급한 로스 트레스 디아만테스, 로스 인디오스 타바하라스Los Indios Tabajaras, 트리오 로스 판초스Trio Los Panchos입니다. 브라질 출신의 듀오 로스 인디오스 타바하라스 최대의 히트곡은 기타 연주곡 〈마리아 엘레나Maria Elena〉입니다. 트리오 로스 판초스는 라틴 계열이지만 주로 미국에서 활동한 트리오였어요. 히트곡으로는 〈라 팔로마La Paloma·비둘기〉, 우리 가수 조영남이 불러 한층 더 유명해진 〈라 골론드리나La Golondrina·제비〉 같은 노래가 있습니다.

어쨌거나 이 노래 〈희미한 옛사랑의 그림자〉는 헤어진 옛 연인의 흔적을 더듬으며 감상에 젖는 애가哀歌라고 할 수 있겠지요. 하지만 가끔은 매일 매일 함께 지내며 늘 보는 얼굴에서 '희미한 옛사랑의 그림자'를 읽어내기도 합니다. 생각해보면 내게 5월은 특별한 의미가 있는 달이랍니다. 바람이 일 때마다 가로수의 나뭇잎들이 차르르르 초록 물고기 떼처럼 반짝였던 그해 5월 그날 한 여자를 처음 만났거든요. 회사 통근버스 안에서였고, 지금은 아내로 있는 여자를 말입니다.

출발지에 가까운 정류장인지라 버스에 오르니 빈자리가 많았습니다. 굳이 그녀 옆자리에 비집고 앉는 것이 멋쩍었지만 용기를 내어 그녀 옆에 앉았죠. 그녀는 긴 머리에 항상 고개를 숙여 책을 읽고 있는 단아한 모습이었답니다. 매끄럽고 가무잡잡한 얼굴에 헐렁한 티셔츠를 입었더군요. 힐끗 보았더니 아니나 다를까 옆 사람에게 눈길 한 번 주지 않고 책을 읽고 있어요. 에세이나 교양서적일 터인데 책을 읽는 모습이 웬일로 안쓰러워 보이더군요.

나는 무슨 이야기로 말을 걸까 궁리했죠. "무슨 책이에요?" 아니면, "어느 부서에 근무하세요?" 자연스럽긴 하지만 너무 스테레오타입이잖아. 그럴듯하면서도 관심을 끌 만한 이야깃거리가 없을까. 간결하면서도 산뜻한 유머와 에스프리가 담긴…. 어찌어찌 말을 걸어 통성명을 했고, 남들과 비슷한 과정을 거쳐 그해 11월 결혼을 했습니다. 부대끼며 함께 지낸 지 어언 40여 년이 되었군요.

아내는, 세상의 모든 아내가 그럴 법도 하지만, 그런데 도대체 왜 그런지는 모르겠지만, 안 아픈 데가 없다면서도 도통 쉬는 법이 없고 일을 만들어서 합니다. 그러다 보면 피곤도 하겠지요. 어떤 때는 나보다 먼저 잠들기도 합니다. 흐릿한 조명 아래 사이사이 주름이 잡힌 아내의 잠든 얼굴을 들여다보며 '희미한 옛사랑의 그림자'를 더듬습니다. 청바지를 '줄여' 입던 스물네 살 긴 머리 '처녀'의 얼굴을.

참으로 가을이 온 것은 아니다

여름이 '위대偉大'했다고? 천만에, 졸렬하고 '위태危殆'했다. 지난여름은 땀띠와 두드러기의 나날이었다. 비를 기다릴 땐 빛의 그물을 촘촘히 펼쳤고, 산뜻하게 더워야 할 땐 낮게 드리운 먹구름이 축축한 어둠을 몰고 왔다. 게릴라성 호우도 기대를 저버리지 않았음은 물론. 장마철을 벗어나 안심하며 넋 놓고 있는 사이 도적떼群盜들이 우막雨幕을 헤집으며 일상을 급습했으며.

치졸한 여름을 매미 군단이 장악했다. 매미는 시도 때도 없이 깨진 트럼펫 소리를 내며 시위했다. 울음소리가 낯설다. 내가 매미에게 물었다. 왜 힘겹게 악다구니를 쓰느냐고? 매미가 멈칫멈칫 대답했다. 나는 '목'으로 운 것이 아니라 '몸'으로 운 것이다. 매미가 기력이 다한 듯 갈라지고 쉰 목소리로 나에게 되물었다. 그런 너는 누구, 아니 그 무엇에게 한 번이라도 목숨 건 적 있느냐? 그 많던 매미들이 일시에 어디로 사라져버린 것일까.

천지사방은 황량하고 사물은 연무煙霧 속 풍경처럼 흐릿하다. 그렇다고 가을이 온 것은 아니다. 산책길 '새의 주검 위에 초추初秋의 양광陽光이 언뜻 내려앉고', '철로 길 코스모스가 창백한 웃음을 흩뿌리며', '폴란드 망명 정부의 지폐가 발밑에서 뒤척인다' 해도 가을이 온 것은 아니리라. 길한켠에 웬 여자아이가 울고 있는 것을 보았다고 하자. 그렇다 해도 가을이 온 것은 아닐 것이다. '수족관 어항 속 금붕어가 푸푸 물풀을 내뿜고', '횟집 수조의 가자미가 무덤처럼 엎뎌 있다' 하더라도.

간밤에 '무서리가 저리 내렸다' 해서 상기 가을이 온 것은 아니다. 아침에 '말발굽 소리 같은 북소리를' 듣고, 한낮에 '분수처럼 흩어지는 종소리'를 들으며, 해 질 녘 '저공비행을 하는 헬리콥터의 프로펠러 소리'를 듣는다고 해서, 그렇다

한들 가을이 온 것이라고 말할 순 없다. 불안한 꿈에서 깨어나 벽을 타고 전해오는 냉장고의 신음소리를 듣는다 해도 아직 가을이 온 것은 아니리라. 유령처럼 거실을 떠돌다 내려다보는 낡은 아파트 단지에 푸른 안개가 강물처럼 흐르고 목이 긴 보안등이 숨죽여 흐느낀다 한들.

  아니, 이제 진실을 말해야겠다. 어떻든 가을이 오기는 왔다. 이제야 알겠다. 참매미, 꽃매미, 말매미, 털매미, 유지매미, 쓰름매미…. 한여름 개구리울음 흉내 내다 사라진 매미들의 행방을. 베란다 방충망에 달라붙어 우리의 소소한 일상을 채집採集하다 도시의 빌딩과 빌딩 사이 갇힌 하늘을 벗어나 유년의 여름 숲으로 날아간 로봇 매미들의 궤적을. 그들의 마이크로 칩 조각으로 남은 주검이 가을을 불러온 것임을.

  잿빛 모노톤의 가을은 음흉을 소거한 TV 화면과 같다. 가을은 침잠의 계절. 지금 우리는 침묵으로 향하는 중. 그러니 침묵의 소리를 들어라. 눈길을 돌려 자신을 들여다보게 될 때 '비로소' 가을이 온 것이리라. 아, 내가 나 자신에게 도달하는 일이 왜 그다지도 험난한 것일까? 소슬한 바람이 살갗에 소름을 돋게 하는 이 계절, 집 없는 사람을 떠올린다면 그제야 참으로 가을이 온 것이다! '주여, 이제 그들은 더 이상 집을 지을 수 없습니다.'

우리는 기억해야 한다. 바이올린의 현絃처럼 바람을 타고 나는 제비 한 마리가 여름을 불러오는 것이 아니듯, 창턱에 실로폰 음音처럼 내려앉은 참새 한 마리가 가을을 데리고 오는 것은 아니라는 것을. 마찬가지로 한 마리 기러기가 끼룩 끼룩 울어 예며 한료閑廖한 밤하늘을 가로지른다 하여 가을이 가는 것도 아니라는 것을.